Koi

faszinierend & gesund

> Autor: Richard Hilble | Fotos: Christine Steimer

Inhalt

Kennenlern-Programm

Artgerechte Unterbringung

Eingewöhnungs-Programm

Fit-und-gesund-Programm

Anhang

➤ **GU Serviceseiten**

Kennenlern-Programm

Unverwechselbare Koi

Schon ca. 250 v. Chr. hatte die Zucht von Karpfen- und Farbkarpfen in China Tradition, und in den folgenden Jahrhunderten gelangte der Stammvater der Koi, der Wildkarpfen, auch nach Japan. Viele Koi-Liebhaber glauben aus diesem Grund

Die ursprünglichen Wildkarpfen waren vollbeschuppt und grausilbern.

irrtümlich, der Ursprung der Koi läge in Japan.
Der ursprüngliche Zweck der Koizucht war eher profan: Japanische Bauern hielten sich einst den Karpfen als Ergänzung ihrer Nahrung in den gut bewässerten Reisfeldern. Aus dieser Form der Haltung im Reisfeld enstand auch das heute gültige japanische Symbolzeichen für den Koi: ein kultiviertes Feld und Wasser. Dass sich schließlich aus diesen Anfängen die Zucht farbenprächtiger Kois entwickelte, verdanken wir einer Laune der Natur: Durch Mutationen entstanden einst einige verschiedene Farbvarianten.
Der Koi ist ein Symbol für Glück, Erfolg, Tapferkeit und langes Leben. In Japan wünschen sich die Eltern diese guten Eigenschaften für ihre heranwachsenden Kinder. Dazu gibt es eine Tradition anlässlich des Tangofestes am 5. Mai: Dann werden bunte Papierkarpfen – Koinobori – zu Ehren der erwachsen werdenden Söhne aufgehängt. Schon 533 v. Chr. wurden zu Ehren der Geburt des ältesten Sohnes von Kaiser Konfuzius farbige Karpfen durch den Herrscher Zhao Gong vom Staate Lu als kostbares Geschenk überreicht.

Koizucht in Japan

Die gezielt Zucht der farbigen Karpfen begann jedoch erst vor etwa 200 Jahren in der heutigen Niigata-Präfektur. Rasch erlangte sie weltweit große Bedeutung. Niigata liegt ca. 250 km nordwestlich von Tokio, der Hauptstadt Japans. Es ist eine raue, bergige Region mit nahezu vier extremen Wintermonaten. Im Gegensatz dazu sind die Sommermonate herrlich warm; sie haben mitteleuropäische Durchschnittstemperaturen. Die Koizucht in Niigata hat sich, bis auf ein paar wenige im Süden Japans liegende Zuchtbetriebe, bis heute nicht wesentlich verändert.

Koiproduktion weltweit

In den vergangenen drei Jahrzehnten entstanden auf der ganzen Welt Produktionsanlagen für Koi, insbesondere in asiatischen Ländern, aber auch in England, Ungarn und Israel. Dort haben sie jedoch bis heute nicht die hohe Klasse japanischer Koi erreicht. Alljährlich finden weltweit Koi-Championate und Aus-

Koiteiche in Niigata, Heimat der Koi und Zentrum der japanischen Koizucht seit rund 200 Jahren.

stellungen statt, wo die besten Fische von einer ausgewählten Jury nach bestimmten Richtlinien bewertet werden.

Biologie der Koi

Biologisch gesehen sind Koi Karpfen (*Cyprinus carpio*) mit vielfältigen Farbzeichnungen. Solange sie klein sind, werden sie oft für Goldfische (*Carassius auratus gibelio*) gehalten. Sicherstes Erkennungsmerkmal für einen Koi sind die zwei grossen und zwei kleinen Barteln (Tastorgane) seitlich am Maul. Dieses ist leicht unterständig, was darauf hinweist, dass der Karpfen seine Nahrung überwiegend vom Boden aufnimmt. Als ausgewachsenen Fisch bis 100 cm Länge kann man ihn jedoch sicher nicht mehr mit einem Goldfisch verwechseln. Der Koi ist kein typischer Schwarmfisch, braucht aber die Gesellschaft mit seinesgleichen sehr wohl. Auch mit anderen Friedfischen im Gartenteich kommt er gut aus. Koi werden auch deshalb so besonders geschätzt und sind so beliebt, weil sie zahm werden: Sie nehmen dem Menschen Futter aus der Hand und lassen sich sogar streicheln.

CHECKLISTE

Sind Koi die richtigen Fische für Sie?

- ✔ Haben Sie einen fischgerechten Gartenteich (→ Seite 32 und 41)?
- ✔ Hat der Teich mindestens ein Volumen von 10 000 l und ist tief und groß genug, damit die Fische darin sicher überwintern können?
- ✔ Ist der Teich vor Fischfeinden sicher?
- ✔ Ist in der Nähe ein Strom- und Wasseranschluss?
- ✔ Wer betreut die Fische, wenn Sie im Urlaub sind?
- ✔ Koi werden sehr alt: Sind sie bereit, für Ihr Koi-Hobby viele Jahre aufzubringen?
- ✔ Können Sie die Kosten für die Koi erübrigen?

Die verschiedenen Koivarianten

Bei den Koi unterscheidet man drei unterschiedliche Beschuppungsvarianten.

➤ Die Variante mit der größten Bedeutung sind die Vollbeschuppten. Diese Koi erinnern uns am meisten an die Wild-oder Ursprungsform des Karpfens und wirken in ihrer Körperform lang gestreckt. Bei einfarbigen Exemplaren zeigt sich die Beschuppung sogar als wunderschönes Netzmuster.

Ein schöner weißer, mit schwarzen Wölkchen gezeichneter Shiro Bekko.

➤ Eine andere Spielart hat sich aus einer Kreuzung mit dem deutschstämmigen Spiegelkarpfen ergeben. In Japan wird diese Variante als »Doitsu«, d. h. »Deutscher« bezeichnet. Diese Koi, die seit etwa 1900 gezüchtet werden, tragen nur einzelne Spiegelschuppen entlang der Rücken- und Seitenlinie, die sich schön auf der sonstigen Lederhaut, also der schuppenlosen Haut, abzeichnen. Die Schuppen müssen aber auf bestimmte Art angeordnet sein: Große, wild angeordnete Einzelschuppen sind nicht erwünscht.

➤ Die dritte Variante ist die stark glitzernde, besonders in Europa beliebte Ginrin-Beschuppung. Sie glitzert bei Sonne besonders schön. Die Ginrinvariante sieht man fast nur bei vollbeschuppten Koi. Nur selten glitzern auch mal einzelne Spiegelschuppen der Doitsu-Variante.

Farbvariationen

Koi gibt es in nahezu allen Farben. Die Grundfarben sind Rot, Weiß und Schwarz. Insgesamt gibt es über 120 verschiedene Farbkombinationen und jedes Jahr kommen neue Züchtungen hinzu. Kein anderer Kaltwasserfisch ist so farbenprächtig wie der beliebte Koi. Um eine Ordnung in diese unübersehbare Vielfalt zu bringen, werden die Koi in 14 Farbgruppen unterteilt, die für eine ordentliche Einteilung bei den Koi-Championaten unbedingt gebraucht wird.

Körperform

Die Grundvoraussetzung für einen guten Koi ist seine Körperform. Dabei wird der Fisch von oben betrachtet.

➤ Die Gestalt des Körpers sollte möglichst symmetrisch und er sollte voll und rundlich sein. Die Seiten, von der Rückenflosse aus gesehen, sollten gleichmäßig verlaufen.

➤ Ein leichter Nackenansatz wird toleriert, er sollte jedoch nicht übermässig sein wie ein »Stiernacken«.

➤ Kopf, Rumpf sowie der Schwanzstiel sollten in einem guten, harmonischen Verhältnis zueinander stehen.

Der Sumi-Goromo wirkt erst richtig perfekt durch das »Traubenmuster«.

Kohaku

Die in Japan am höchsten eingestufte Variante ist der Kohaku, ein weißgrundiger Koi mit roter Zeichnung. Je nach Farbaufteilung unterscheidet man diese Varianten:

- Ist das Rot vom Kopf bis zum Schwanz durchgezogen, spricht man vom Straight oder Ippon Kohaku.
- Ist der Kopf nur durch einen roten Fleck gezeichnet und schimmert der restliche Körper weiß, nennt man ihn Tancho Kohaku.
- Inazuma Kohaku nennt man eine blitzartige rote Zeichnung auf weißem Grund.
- Nidan Kohaku heißen Koi, die zwei rote Flecken auf weißem Grund tragen.
- Sandan Kohaku haben drei rote Flecken auf weißem Grund.
- Yondan Kohaku tragen vier rote Flecken auf weißem Grund.

Taisho Sanke

Ein Sanke sieht aus wie ein Kohaku, hat aber zusätzlich vielfältig angeordnete schwarze Flecken. Solche kräftigen, gut abgegrenzten Zeichnungen heißen »sumi«. Bevorzugt liegen diese Flecken auf der weißen Grundfarbe.

- Trägt ein Sanke das Rot nur als runden Kopffleck und die schwarzen Zeichnungen nur am Körper, wird er als Tancho Sanke bezeichnet.
- Hat der dreifarbige Koi zusätzlich zu seiner Körperzeichnung einen roten Kopffleck, so nennt man diese Variante »Maruten Sanke«.

Showa Sanshoku

Seine drei Farben sind wie beim Taisho Sanke schwarz, rot und weiß. Das Weiß tritt nur mit ca. 20 % in Erscheinung, Ausnahme ist der Kindai Showa mit bis zu 40 % Weißanteil. Ein typischer Showa besitzt schwarze Brustflossenansätze, das »Motoguru«. Ein ausgeprägtes schwarzes Kopfmuster, wie die Blitzzeichnung auch »Menware« genannt, oder eine V-Zeichnung sind erwünscht. Auch beim Showa gibt es einen Tancho. Der rote Kopffleck muss bei ihm aber nicht rund und kann schwarz durchzogen sein.

TIPP

Koi beurteilen

- Nehmen Sie sich die Zeit, mit Hilfe spezieller Literatur, Fotos und Informationen eines Fachmanns das typische Erscheinungsbild der Koi zu erkennen. Zur Bewertung müssen Sie wissen, ob der Koi weiblich oder männlich ist.
- Betrachten Sie einen Koi möglichst immer bei Tageslicht und in klarem Wasser. Schuppen und Farbaufteilung dürfen nicht zu wild, die Ausstrahlung und das Gesamtbild sollen ansprechend wirken.
- Im Urteil spielt auch der körperliche Zustand zu verschiedenen Jahreszeiten einen Rolle.

Utsuri

Dieser Koi ist zweifarbig mit ca. 40 % schwarzer Grundfarbe. Der Anteil der zweiten Farbe beträgt ca. 60 %. Entsprechend der zweiten Farbe hat er verschiedene Namen.

- Shiro Utsuri: die zweite Farbe ist weiß.
- Hi Utsuri: die zweite Farbe ist rot.
- Ki Utsuri: die zweite Farbe ist gelb.

Eine große Palette an Koi-Varianten lässt Sammler-Herzen höher schlagen.

- Kin Ki Utsuri heißen orange-metallic glänzende Koi.

Die Schwarzzeichnung tritt bei allen graphisch und markant hervor.

Bekko

- Shiro Bekko heißen Koi mit matt weißer Grundfarbe.
- Aka Bekko sind Koi mit matter roter Grundfarbe.
- Ki Bekko heißen Koi mit matter gelber Grundfarbe.

Meist sieht man den Shiro Bekko mit weißem Grund. Cremeweiß am Kopf kommt zwar vor, gewünscht ist aber reinweiß. Die Sumiflecken am Körper sollen bis zum Schwanz tiefschwarz und wolkenartig auf frischem weißem Grund erscheinen. Die Brustflossen können feine schwarze Streifen zeigen.

Tancho

Bei einigen Farbvarietäten gibt es eine so genannte Tancho-Bezeichnung.

- Trägt ein Koi einen roten, nach Möglichkeit kreisrunden, sehr dicht durchgefärbten Kopffleck, nennt man ihn »Tancho«. Kommt zu einem roten Kopffleck noch eine rote Zeichnung am Körper, so bezeichnet man dies als »Maruten« (z. B. Maruten Sanke, Maruten Showa, Maruten Kohaku).

Ogon

Zu dieser Gruppe gehören alle einfarbigen Koi mit metallisch glänzender Haut. Es gibt drei Grundfarben.

- Ogon haben die Grundfarbe Gelb.
- Orenji Ogon haben die Grundfarbe Orange.
- Platinum Ogon tragen die Grundfarbe Weiß.

Kujyaku

Die Haut dieser Fische glänzt metallisch und ist mit zwei bis drei anderen Farben, von Gelb bis Orange und Silber, ergänzt. Besonders bestechend ist beim guten Kujyaku das nahezu schwarze Schuppennetz. Der Kopf sollte frei von grauen Schatten oder schwarzer Zeichnung sein.

Asagi

Diese vollbeschuppten hell- bis mittelblauen Koi zeichnen sich durch ein deutliches Schuppennetz aus. Typisch sind die orangefarbene Bauchzeichnung, die maximal bis zur Seitenlinie reicht sowie die orangefarbenen Brustflossenansätze.

Shusui

Farben und Aufteilung sind gleich wie beim Asagi. Im Unterschied zu diesem trägt der Shusui eine Doitsu-Beschuppung. Die dunkelblauen Schuppen entlang der Rückenlinie sollten nach dem Kopf beginnen und bis zum Schwanzansatz reichen.

Goshiki

Das Wort »Goshiki« bedeutet »Fünf Farben«. Diese fünf Farben sind Weiß, Rot, Schwarz, Blau und Dunkelblau. Sie verteilen sich auf dem grauschwarzen Untergrund des Koi. Leider ist diese Variante nicht sehr farbtreu; die Farben verändern sich.

Ginrin

Ginrin ist eine spezielle Art der Beschuppung, bei der bestimmte Farb-Kristalle, die Guanin-Kristalle, in der Haut sichtbar werden. Sie schillern wie Brillanten. Ginrin ist bei allen Farbvarianten möglich, herrscht jedoch bei vollbeschuppten Koi vor.

Goromo

Die Farbaufteilung des Goromo ist ähnlich wie beim Kohaku: weißer Grund mit roter Zeichnung. Das Rot ist jedoch am Schuppenrand dunkel eingefasst. Dieser Rand ist beim Ai-Goromo blau, beim Sumi-Goromo bordeauxfarben und beim Budo-Goromo braun-schwarz. Hochwertige Exemplare dieser Varianten sind jedoch eher selten.

Neugierig nähern sich die einjährigen Koi dem Schwimmfutter. Es ist ein besonderes Erlebnis, kleine Koi aufwachsen zu sehen.

Kawarimono

Zu dieser Gruppe zählen alle Koi ohne Metallic-Haut, die keiner anderen zuvor beschriebenen Variante angehören. Hierzu zählen Chagoi (braun), Soragoi (grau), Ochiba Chigure (grau oder braun mit brauner oder grauer Zeichnung), Kumonryu (schwarzer Doitsu mit weißer oder blauer Zeichnung).

Kohaku

Besonders geschätzt ist beim Kohaku ein reines, strahlendes Weiß, das in Japan als »Shiroji« (schneeweiß) bezeichnet wird. Shiroji ist die Grundlage für höchste Qualität aller Koivarianten. Das Rot soll so dicht und kräftig sein, dass die Schuppen kaum mehr sichtbar scheinen. Außerdem muss es sich sauber zum Weiß abgrenzen. Die rote Farbe darf nicht auf den Flossen, den Augen oder am Ende des Schwanzstiels erscheinen. Ein sauberes weißes Gesicht ist wichtig. Die rote Zeichnung soll nicht nur auf dem Rücken liegen, sondern sich bis zum Seitenlinienorgan erstrecken. Schwarze Sprenkel (»Shimi«) sind unerwünscht!

Taisho Sanke

Ein sehr gut aufgeteilter Sanke. Ob das schwarze Sumi großflächig oder als kleine schwarze Wölkchen erscheint, ist persönliche Geschmacksache – es kann sich im Lauf des Lebens öfter verändern. Das Weiß muss strahlend und sauber sein wie beim Kohaku. Der Rotanteil sollte gegenüber dem Schwarzanteil überwiegen. Eine gelbliche Haut kann nicht akzeptiert werden. Im Bereich des Kopfes ist kein Schwarz erwünscht, feine schwarze Streifen in den Brust- und Schwanzflossen sind jedoch eher typisch für den Sanke. Die Ausgewogenheit von Farbe und Muster sind für einen hochwertigen Taisho Sanke von sehr großer Bedeutung.

Showa Sanshoku

Dieser Kindai-Showa ist eine moderne Variante des Showa Sanshoku und wirkt sehr intensiv und farbimposant. Das strahlende, gut angelegte Weiß steigert den Farbkontrast. Die Grundfarbe ist ein vom Bauch her zum Rücken ansteigendes Schwarz, das den Körper einzuhüllen scheint. Schwarze »Sumi-Flecken« sind eher groß und bilden ein asymmetrisches Muster, das dem des Utsuri gleicht. Das weiße oder rote Schwanzende ist ein guter Abschluss. Die Aufteilung des Rot gleicht der des Kohaku und sollte sich auf reinweißem Grund absetzen. Die Harmonie der Farbaufteilung macht den wertvollen Showa aus.

Utsurimono

Diese Abbildung zeigt einen sehr schönen Shiro Utsuri. Eigentlich ist ein Utsuri ein schwarzer Fisch mit möglichst makellosen, rein weißen Flecken ohne »Shimis« (schwarze Farbspritzer). Wie beim Showa sind schwarze Brustflossenansätze und besonders das schwarze Blitzmuster im Kopf sehr beliebt. Die Schwarzzeichnung des Utsuri ähnelt sehr der des Showa und wird als große Sumi-Zeichnung höher eingestuft als eine klein gemusterte Zeichnung. Die schwarze Zeichnung umspielt den gesamten Körper auch unterhalb des Seitenlinienorgans. Beide Körperhälften sollen ausgewogen und harmonisch in der Farbverteilung erscheinen.

Tancho

Der Tancho Kohaku spiegelt die Nationalflagge Japans wieder. Beim Tancho sollte neben dem tiefroten Kopffleck keine weitere Rotfärbung am Körper auftreten. Ein reiner weißer Grund ist wichtig für die außerordentliche Wirkung des Hi-Flecks. Er sollte in der Mitte des Kopfes liegen und nicht die Augen verdecken. Die Form kann vielfältig sein, z. B. herz- oder rautenförmig oder oval, aber bevorzugt wird die runde Form. Junge Koi neigen dazu, das Kopfrot zu verlieren und sind dann wertlos. Je größer der Koi wird, umso beständiger bleibt der Tanchofleck. Der Tancho Showa darf als Einziger im Kopffleck eine schwarze Zeichnung aufweisen.

Ogon

Dieser hier abgebildete kräftig gelbe Koi trägt den klangvollen Namen »Yamabuki Ogon« und ist in jedem Teich sehr beliebt. Beim gelben Ogon gibt es unterschiedliche Farbnuancen, die von Zitonengelb bis intensiv Goldgelb reichen. Wichtig ist beim Ogon eine gleichmäßige, fehlerlose Beschuppung die bis zum Bauch reicht sowie die saubere, glänzende Grundfarbe. Man hat hier den Eindruck, dass jede einzelne Schuppe schillernd gerändert ist. Fehlende Schuppen oder eine unregelmäßige Schuppenanordnung mindern den Wert eines Ogon. Der Kopf erstrahlt bei allen Ogon-Varianten mit Glanz und ohne jegliche Zeichnung.

Kujyaku

Ein spezielles Merkmal für die Doitsu-Variation ist eine auf dem Rücken und eventuell an der Seitenlinie durchgezogene, dunkel hervorgehobene Schuppenreihe. Die Kombination mit Orange-Silber ist der beliebeste Kujyaku-Typ. Vollständig beschuppte Kujyaku-Farbvarianten sind nach wie vor die höher eingestuften und begehrteren Koi in Kennerkreisen. Ein Doitsu Kujyaku sieht in einem Teich besonders reizvoll aus, denn der wunderbare Metalleffekt dieser Tiere fällt jedermann sofort ins Auge und sollte in keinem Teich fehlen. Beim Kauf kleiner Kujyaku sollte vor allem auf einen hellen, sauberen Kopf geachtet werden.

Asagi

Dieser Asagi zeichnet sich durch sein hervorragendes, gut abgegrenztes Schuppennetz aus. Der Kopf und die Schwanzflosse sollten hell cremefarbig sein. Helles Blau ohne Shimi-Sprenkel wird höher bewertet als Dunkelblau. Die Schuppen dieser Variante haben keinen speziellen Glanz. Das Hi (Rot) darf außer auf der Seite auch an der Wangenpartie erscheinen, optimal wäre es symmetrisch auf beiden Seiten. In kaltem, hartem Wasser werden Asagi sehr leicht dunkel. Beim jungen Asagi ist der Kopf meistens durchscheinend, wird aber später beim erwachsenen Fisch »dicht«. Asagi mit einem hohen Rotanteil nennt man Hi Asagi.

Shusui

Bei einem Hi-Shusui überwiegt die orangerote Farbe auf dem ganzen Körper – als Kontrast dazu wirkt die dunkle Schuppenlinie am Rücken sehr gut. Der Kopf sollte sauber und ohne Shimi sein. Ein fein hellblau gefärbter Shusui mit dunkler, gleichmäßiger Schuppenlinie auf dem Rücken und kontrastreichem Rot an den Wangen, unterhalb der Seitenlinie bis zum Schwanz und rot gefärbten Brustflossenansätzen ist sehr selten und nur bei größeren Tieren beständig. Eine unregelmäßige Schuppenlinie am Rücken, verstreut angeordnete Einzelschuppen oder eine Zeichnung oder ein Shimi am Kopf mindern den Wert eines Shusui.

Goshiki

Ein Goshiki ist eine wunderbare Einzelergänzung zum bunten Teichbild. Am besten halten Goshiki ihre Farben in weichem Wasser, hartes Wasser lässt sie dunkler werden. Ursprünglich kommt dieser Koi aus der Blutlinie von Asagi und Kohaku, was man bei wertvollen Vertretern dieser Variante klar erkennen kann. Die Aufteilung der Farbe Rot sollte ähnlich angeordnet sein wie bei einem Kohaku. Der Kontrast des schwarzgrauen Grundes und das dunkle Violettrot ergeben eine spektakuläre Kombination. Auch ein heller Grund mit dunklen Schatten in jeder einzelnen Schuppe und kräftiger Rotzeichnung ist herrlich anzusehen.

Ginrin

Das richtige Wort für Ginrin ist eigentlich Kinginrin, was soviel wie »silbrig-goldene Schuppen« bedeutet. Das Foto zeigt einen sehr schönen Ginrin Hi-Utsuri. Um einen Koi der Ginrin-Bezeichnung zuzuordnen, sollten wenigstens 20 der Einzelschuppen den Glitzereffekt tragen. Der Ginringlanz steigert sich bei Sonnenlicht zunehmend und macht großen Eindruck im Koiteich. Manchmal kann ein sehr heftiges Ginrin die Abgrenzung der anderen Farben des Fisches ein wenig verwischen, was aber nur bei der Bewertung der »großen Sieger« von Bedeutung ist. Bei diesen spricht man von Pearl-, Beta-, Diamant- und Kado-Ginrin.

Kawarimono

Zur Art des Kawarimono zählt auch dieser Chagoi. Er fällt besonders durch eine verblüffende Zutraulichkeit auf. Diese Charaktereigenschaft macht den sonst eher unauffälligen, hellbraunen bis safranfarbigen Fisch mit seinem netzartigen Schuppenmuster einmalig im Koiteich. Obwohl zur Kawarimonogruppe alle nicht klar zuordnungsfähigen Koi-Varianten gehören, sollen sie dennoch ein gleichmäßiges Muster und saubere Farben haben. Um einen »Baby-Kawarimono« auswählen zu können, braucht man unbedingt ein erfahrenes Auge, da diese sich allzu häufig stark verändern. Es empfiehlt sich deshalb, eher größere Tiere zu erwerben.

Fragen rund um das Kennenlernen

Kann man Koi auch zusammen mit anderen Fischen in einem Teich halten?

Grundsätzlich kann man Koi mit anderen Friedfischen in einem Teich zusammen halten. Probleme kann es aber mit Goldorfen geben, da diese bei der Fütterung Hektik verbreiten und die Koi sich dadurch gestört fühlen. Im schlechtesten Fall können sich die Koi zurückziehen. Häufig werden in Gartenteichen auch Sonnenbarsche gehalten. Sie sind jedoch als Raubfische einzustufen. Größere Koi haben von ihnen nichts zu befürchten, aber es kann passieren, dass sie Laich und Jungfische fressen.

Kann man andere Teichbewohner wie Amphibien und Reptilien mit Koi zusammen halten?

Frösche und Kröten können mit den Koi auskommen. Während der Laichzeit der Amphibien kann es für die Koi jedoch unangenehm werden: Verliebte Froschmänner verwechseln hin und wieder den Kopf eines Koi mit einen Frosch-Weibchen. Die Beine des Frosches drücken beim Paarungsversuch in die Augenhöhle des Karpfens – dieser kann dadurch erblinden. Umgekehrt werden Froschlaich, Kaulquappen und Jungfrösche von den Koi verspeist. Wasserschildkröten sind für das Zusammenleben mit Koi nicht empfehlenswert. Die Kiefer der Schildkröten sind so stark, dass sie Stücke aus den Flossen der Koi beißen können. Die Bissstellen können verpilzen und so den Fisch gefährden. Am besten legt man ein separates Terrain für Wasserschildkröten an. Molche und Lurche werden von den Koi leider oft mit Schnecken und Raupen verwechselt und ergänzen den Speiseplan der Koi.

Was muss ich bei der Farbauswahl meiner Koi beachten?

Allein durch die Auswahl bestimmter Farbkombinationen der Koi können Sie Ihrem

Der Kujyaku oben trägt nur eine Schuppenreihe, der Tancho Showa ist vollbeschuppt.

Teich eine »edle« oder »alltägliche« Ausstrahlung geben. Der Grundton der »edlen« Farbmischung sollte aus mehreren verschiedenen Rot-Variationen bestehen. Sie kann im Teich mit Einzeltieren der anderen Farbgruppen ergänzt werden.

? Angeblich sollen Koi im Lauf der Zeit ihre Farbe verändern können. Ist das richtig?
Wenn Elterntiere nicht von bester Qualität sind, kann dies tatsächlich vorkommen. Je größer und älter die Koi sind, wenn Sie sie kaufen, umso sicherer können Sie sein, dass die Farben der Fische beständig sind. Eine andere Möglichkeit ist, dass sich besonders bei hartem Wasser Schwarzpigmente der Haut stärker ausbilden. Das ist speziell beim Asagi und Shusui zu beobachten. Extrem weiches Wasser hingegen bewirkt die Aufhellung der schwarzen Zeichnung.

? Welche der verschiedenen Koi-Varianten können am größten werden?
Die Chagoi, Ochiba Shigure und Soragoi werden am schnellsten groß, weil sie dem Wildkarpfen am nächsten stehen. Auch Yamabuki Ogon und Orengji Ogon erreichen eine beachtliche Größe. Die Behauptung, dass ein Koi sich immer der Teichgröße anpasst, ist so nicht richtig. In Ausnahmefällen wachsen Koi auch in kleinen Teichen zu stattlichen Fischen heran.

? Warum wird von Fachleuten immer wieder geraten, japanische Koi zu bevorzugen?
Die professionelle Zucht hochwertiger und farbtreuer Koi wird in Japan am längsten betrieben. Durch die fachmännische Vermehrung und sorgfältige Auswahl passender Zuchttiere kann eine große Menge hervorragender Koi angeboten werden, die bis ins hohe Alter sehr farbbeständig bleiben. Kleine europäische Koi sehen zwar hübsch aus, verändern sich jedoch während des Wachstums gerne. Die Farbgebung ist eher in viele kleine Sprenkel aufgeteilt als in sauber abgegrenzte Farbflächen. Ebenso unterscheidet sich ihre Körperform – der Euro-Koi ist ein wenig gedrungen, während der Japan-Koi elegant und lang gestreckt wirkt.

MEINE TIPPS FÜR SIE

Richard Hilble

Harmonische Stunden am Teich

- Bieten Sie Ihren Koi nicht zu viele Unterstände an – es erschwert Ihnen, direkten Kontakt aufzubauen. Die Fische werden sich sonst ihrer Natur entsprechend zurückziehen und kaum handzahm werden.
- Gehen Sie immer in ähnlicher Art und Weise an Ihren Teich. Koi gewöhnen sich schnell an einen vertrauten Ablauf. Nach kurzer Zeit werden sie Sie an Ihren Bewegungen erkennen.
- Sitzen Sie gerne abends am beleuchteten Teich, so ist es von Vorteil, das Licht bereits vor Einbruch der Dunkelheit einzuschalten. So verhindern sie, dass die Koi erschrecken.
- Wählen Sie nicht zu dunkle Koi-Varianten. Ein heller Fisch ist immer gut sichtbar, selbst wenn das Teichwasser nicht kristallklar ist.
- Nutzen Sie die Stunden am Teich, um dem hektischen Alltag zu entkommen – ein kleiner Urlaub jeden Tag!

Eingewöhnungs-Programm

Wo kaufe ich meine Koi?

Der Kauf beim Fachhändler garantiert nicht nur, dass Sie Koi von bester Qualität erwerben. Vielmehr bekommen Sie dadurch zugleich Kontakt zu einem kompetenten Ansprechpartner, der Ihnen in

Jumbo-Koi kann man mit solchen Keschern schonend fangen.

schwierigen Situationen mit Rat und Tat zur Seite steht. Wahrscheinlich wohnt dieser Fachmann aber nicht einfach nebenan. Am besten planen Sie deshalb einen Ausflug, um verschiedene Koihändler näher kennen zu lernen und deren Betriebe zu besuchen.

➤ Ihr Fachmann sollte ein fundiertes Wissen über Haltung, Teichtechnik und über Fischkrankheiten haben und nicht zuletzt sogar gut über Zucht und Aufzucht der Koi Bescheid wissen.

➤ Ein Händler, der auf sich hält, bezieht seine Tiere direkt aus Japan, denn dort kommen die besten Koi nun einmal her.

»Koiharvesting«

In Japan beginnt die Koi-Saison jedes Jahr im Frühling, im April, wenn der Winter vorbei ist und die Pflanzen ihre Knospen entfalten.

➤ Dann werden alle aus den Winterhälterungen kommenden Koi neu sortiert und in die so genannten Abwachsteiche im Freien umgesetzt. In den folgenden Monaten sollen diese Fische nur wachsen und gedeihen. Ein Verkauf an Händler ist zu diesem Zeitpunkt noch nicht geplant.

➤ Erst im Oktober kommt wieder Leben ins Koi-Geschäft. Es beginnt die alljährliche »Koiharvesting«, die Koiabfischung der Teiche. Dies ist ein großes Ereignis: Alle Fische werden in die Hälterungen der Züchter gebracht und Händler aus der ganzen Welt reisen an.

➤ Kleine, mittlere und große Koi wechseln nun ihre Besitzer und werden sorgfältig für den oft sehr weiten Transport vorbereitet. Am Ziel angekommen, haben die Fische den Winter über Zeit, sich an das neue Klima zu gewöhnen. Erst im folgenden Frühjahr werden sie dann zum Verkauf angeboten.

➤ Ein kleinerer Teil der Fische bleibt beim Züchter und kommt im nächsten Frühjahr erneut in deren Abwachsteiche.

Koi-Kauf in Europa

In den meisten Fällen werden Sie ihre Koi bei einem Händler in Deutschland kaufen. Vermeiden Sie es aber unbedingt, die Bezugsquelle für Ihre Koi ständig zu wechseln. Die Gefahr ist groß, auf die-

sem Weg verschiedene Bakterienstämme in ihren Teich einzuschleppen.
Folgende Kriterien helfen Ihnen, zu beurteilen, ob ein Betrieb gute Qualität liefert:

- Eine gute Verkaufsanlage verfügt über mehrere saubere Becken mit klarem Wasser und mit gesunden sowie unverletzten Koi.
- Für neu eingetroffene Fische sollte ein separates Quarantäne-Becken zur Verfügung stehen.
- Optimal ist ein Betrieb, der außer den hochwertigen Koi Filteranlagen, Spezialfuttermittel und Zubehör rund um den Gartenteich bietet.

Messen und Ausstellungen

Mittlerweile finden in Europa alljährlich Ausstellung und Fachmessen statt, bei denen zu sehr günstigen Messepreisen Koi verkauft werden. Leider kann auf solchen Veranstaltungen nur unzureichend auf Hygiene geachtet werden, was nach der Ankunft dort erworbener Koi einige Tage bis Wochen später zu bösem Erwachen führen kann. In Ihren Teich eingeschleppte Viren und Bakterien können den ganzen Besatz umbringen – solchen Fällen steht sogar der Fischtierarzt machtlos gegenüber.

Hochwertige Fische wählt man persönlich bei japanischen Koizüchtern aus.

Zoofachhandel

Der Zoofachhandel hat in den letzten Jahren seine Zierfischabteilung mit Koi erweitert. Wichtig ist Personal, das auf Koi spezialisiert ist und Ihnen als kompetenter Ansprechpartner dient. Ist eine Zoohandlung aber nur auf saisonbedingten Verkauf von Koi eingestellt, zeigt sich das an vorübergehend aufgestellten Aquarien mit meist schlechter Filterfunktion.

GUT ZU WISSEN

Das sind gute Händler!

- ✔ Kaufen Sie nur bei Händlern, die ihre Koi direkt aus Japan beziehen.
- ✔ Kaufen Sie nur bei Koi-Händlern mit vitalen, gesunden Fischen und sauberen Verkaufsbecken.
- ✔ Nur eine separate Quarantäne-Anlage beim Händler für neu eingetroffene Koi bietet optimale Sicherheit, dass die Tiere gesund sind.
- ✔ Kaufen Sie nicht bei vielen verschiedenen Händlern. Dies erhöht die Gefahr, dass mit den Koi verschiedene Bakterienstämme in Ihren Teich eingeschleppt werden.
- ✔ Kaufen Sie nur bei einem Betrieb, der Ihnen auch Beratung anbietet.

Die Auswahl der Koi

Koi sind heute fast für jedermann erschwinglich, und wer zu Hause auf einen besonderen Touch im Garten wert legt, kommt am Koi nicht vorbei. Die Einzigartigkeit dieser Teichfische liegt in der Brillanz ihrer Farben, der Vielfalt ihrer Muster und der

Die Farbpalette der Koi ist gewaltig: Rund 120 Variationen sind bekannt.

Beschuppung. Hochwertige Koi können nicht billig, aber doch für viele Teichliebhaber bezahlbar sein. Doch die Qualität der Koi ist sehr unterschiedlich, wie ein Blick in die Verkaufsbecken mehrerer Anbieter rasch zeigt.

Kriterien für die Wahl

Bei der Auswahl Ihrer Fische sollten Sie besonderen Wert auf gute Vitalität und optimalen Ernährungszustand legen, denn das Umsiedeln, so schonend dies auch geschehen mag, ist immer stressig für das betroffene Tier.

➤ Fragen Sie den Händler Ihres Vertrauens als Erstes unbedingt nach Alter, Herkunft und Geschlecht der angebotenen Koi.

➤ Scheuen Sie sich nicht, den Händler aufzufordern, dem Fisch einmal in die Kiemen schauen zu dürfen und zu prüfen, ob die Durchblutung gut ist. An roten Kiemen können Sie als Käufer selbst erkennen, ob eine Kiemenschädigung aufgrund schlechter Hälterung vorliegt. Wählen Sie nie solche Fische.

➤ Kaufen Sie niemals Koi mit angelegten Brustflossen, die trauernd am Beckengrund stehen. Eine ruhige Atmung und gleichmäßige Flossenbewegungen beim Vorankommen sind wünschenswert.

➤ Ebensowenig haben Tiere mit beschädigten Flossen, gesträubten Schuppen oder Geschwüren und Pilzbefall etwas in Ihrem Teich zu suchen.

TIPP

Beim Kauf beachten

➤ Kaufen Sie niemals Fische, die kleiner als 15 cm sind!

➤ Die Farben kleiner Koi verändern sich oft und es entstehen nicht erwünschte Sprenkel. Auch kann man bei so kleinen Schuppen Fehler nur schwer erkennen.

➤ Kleine Koi sind beim Transport nicht sehr robust und leiden danach oft an Kiemenschäden, welche zu spät erkannt zum Tod führen können.

➤ Kleine Koi können nur schwer über mehrere Monate hinweg im Gartenteich überwintert werden. Meist kommt es dabei zu Verlusten.

Bei diesem wunderschön angelegten Koiteich standen japanische Impressionen Pate. In solchem Ambiente wirken Koi besonders edel und bringen japanische Lebensart nach Mitteleuropa.

➤ Testen Sie die Reaktion der Fische, indem Sie ein paar Futterkörnchen ins Wasser werfen. Reagieren die Koi neugierig darauf und fressen, können Sie bedenkenlos Tiere auswählen. Auf Koi, die sich dagegen auffällig von anderen Fischen absondern, sollten Sie unbedingt verzichten.

➤ Um das Wachstum ihrer Koi prüfen zu können, ist es wichtig, dass sie beim Kauf die Körperlänge messen.

➤ Kaufen Sie niemals einen ganzen Schwarm auf einmal. Erfahrungsgemäß verändert bzw. verbessert sich Ihre Klasse-Kenntnis im Laufe der Zeit. Suchen sie lieber schon am Anfang vielleicht drei bis fünf hochwertige Koi aus und ergänzen Sie Ihr Sortiment von Jahr zu Jahr mit schönen »Einzelstücken«.

➤ Berücksichtigen Sie beim Kauf die Größe Ihres Teiches und die Funktion des Filters. Pro Kubikmeter Teichvolumen kann ein Koi eingesetzt werden. Die Anzahl erhöht sich mit optimaler Filterleistung und guter Wasserqualität. Doch in den ersten Monaten sollten Sie den Teich sehr vorsichtig bestücken!

➤ Achten Sie beim Kauf auf das Geschlecht des Koi. Weibchen werden grundsätzlich wegen Ihrer voluminösen Körperform, des schnellen Wachstums und einer stattlichen Endgröße höher bewertet. Leider kann man das Geschlecht aber erst ab dem zweiten Lebensjahr erkennen. Äußerlich machen die Männchen durch eine intensivere Ausfärbung einen guten Eindruck. Außerdem dürfen sie vor allem in der Laichzeit nicht im Teich fehlen. Bei Weibchen, die laichreif sind und wegen fehlender Männchen nicht ablaichen, kann sich der Laich verhärten und Sie können krank werden.

Heimtransport und Eingewöhnung

Eine gute Vorbereitung für den Transport der Koi ist wichtig, um zu gewährleisten, dass die neuen Fische sicher und gesund bei Ihnen zu Hause ankommen.

➤ Die Fische sollten schon ein bis zwei Tage vor der großen Reise nicht mehr gefüttert werden, um unnötige Ausscheidungen im Packwasser zu verhindern.

➤ Es können problemlos mehrere Koi in einem Plastikbeutel unterkommen. Setzen Sie dabei immer etwa gleich große Tiere zusammen. So vermeiden Sie unnötige Verletzungen kleinerer Koi.

➤ Ein zuverlässiger Händler achtet darauf, ob am Fisch nicht ein harter Flossenstrahl absteht, der den Plastiksack beschädigen könnte und kürzt ihn gegebenenfalls.

➤ Zur höheren Sicherheit verwendet man einen gut verschlossenen, doppelten Transportbeutel, der mit sauberem Wasser und reinem Sauerstoff gefüllt wird. Man kann bereits im Packwasser eine leichte Grunddesinfektion einbringen. Dafür braucht der Händler aber genaue Angaben über die Reisezeit, damit er die entsprechende Menge dosieren kann.

➤ Selbst mitgebrachte Behälter können als sichere »Außenschale« verwendet werden, jedoch muss der Koi

Koi mit einheitlicher Länge wirken im Gartenteich sehr harmonisch.

CHECKLISTE

Goldene Regeln für die gute Eingewöhnung

Damit Sie Probleme mit Neuzugängen im Koiteich in den ersten Wochen ausschließen können, sollten Sie folgende Punkte beachten:

- ✔ Ist der Teich mindestens zwei Wochen vor dem Erstbesatz mit Wasser befüllt worden und entsprechen die Temperaturen denen der Becken des Händlers?
- ✔ Ist das Teichwasser so klar, dass Sie Ihre Neuankömmlinge die ersten Tage gut beobachten können?
- ✔ Steht Ihr Filter im richtigen Verhältnis zur Größe des Teiches und zur Anzahl der Fische und haben Sie die Belüftung überprüft?
- ✔ Haben Sie mit Hilfe von Indikatoren oder entsprechenden elektronischen Messgeräten die Wasserwerte im Teich kontrolliert?
- ✔ Ist Ihr Koiteich genügend gegen Fischräuber (z. B. Graureiher, Katzen) abgesichert?
- ✔ Haben Sie alle scharfen Kanten an den Randeinfassungen Ihres Koiteichs sorgfältig beseitigt?
- ✔ Sind die Wassereinläufe und Beckenränder gegen springfreudige neue Koi gesichert?

1 Temperieren und angleichen

Nehmen Sie den geschlossen Beutel und legen Sie ihn etwa 20 Minuten einfach auf die Wasseroberfläche, damit sich die Temperatur angleichen kann. Anschließend öffnen Sie den Plastiksack und geben alle ein bis zwei Minuten ein wenig Teichwasser hinzu. Auf diese Weise gleichen sich nicht nur die Wassertemperatur, sondern auch die Wasserwerte langsam an.

2 Richtig einsetzen

Nun dürfen die Koi bei weit geöffnetem Plastikbeutel langsam in den Teich gleiten. Halten Sie nach Möglichkeit das verschmutzte Transportwasser im Sack zurück. Eine andere Möglichkeit ist, die Koi in einer Wanne anzugleichen und mit einem speziellen Umsetznetz in den Teich zu setzen. Beobachten Sie die Koi in den ersten paar Stunden.

immer direkt in einem Beutel sein: Nur dieser hat keine harten Flächen und Kanten.

Beim Transport

In Plastikbeutel verpackte Koi benötigen immer zusätzlich einen Umkarton: Denn die Fische verhalten sich ruhig, wenn es dank des Kartons dunkel ist. Im Sommer bei starker Hitze oder Sonneneinstrahlung ist es gut, statt einem Karton eine Styroporbox zu verwenden. Haben Sie all diese Kriteren beachtet, kann die Heimfahrt ohne weiteres 24 Stunden dauern.

Achten Sie beim Einladen ins Auto darauf, dass größere Koi quer zur Fahrtrichtung stehen – sie könnten sich sonst beim häufigen Anfahren und Abbremsen den Schwanz und die Nase verletzen.

Man kann ordentlich verpackte Koi auch mit einer speziellen Tierspedition auf den Weg schicken. Fragen Sie Ihren Händler, mit welcher Spedition er Erfahrung hat.

Die Quarantäne

Eine Quarantäne empfiehlt sich dann, wenn Sie auf gar keinen Fall ein Risiko für Ihren Koibestand zu Hause eingehen möchten. Dazu benötigen Sie ein ausreichend großes Becken mit Belüftung, separater Filterung und leicht abgestandenem Wasser. Eine schwere Abdeckung ist wichtig, weil Koi oft versuchen, aus kleinen Becken zu springen. Doch es reicht nicht, den neuen Fisch einzusetzen. Sie müssen ein Tier aus dem eigenen Teich dazusetzen, um herauszufinden, ob der »Neue« infiziert ist. Ist in den nächsten vier Wochen alles in Ordnung, können Sie beide in den Teich umsetzen.

Verhaltensdolmetscher

Koi

Kennen Sie die Körpersprache Ihrer Koi? Hier erfahren Sie, was die Tiere mit ihrem Verhalten ausdrücken ? und wie Sie richtig darauf reagieren →.

Ein Koi schwimmt zutraulich auf die Hand seines Besitzers.

? Er vertraut dem Menschen, der ihn täglich betreut.

→ Kommen Sie, wenn möglich, immer zur gleichen Zeit an den Teich. Das gibt dem Koi Sicherheit und macht ihn handzahm.

Die Koi schwimmen aufgeregt umher – es ist Laichzeit.

? Bieten Sie künstliches Laichgras oder weiche Zweige als Laichhilfe an.

→ Nehmen Sie das Laichgras mit den Eiern später heraus, so kommt es nicht zu Überbesatz.

Viele Koi leben im Gartenteich friedlich zusammen.

? Bei Koi gibt es kein Revierverhalten, sie fühlen sich in Gesellschaft sehr wohl.

→ Trifft ein Neuankömmling im Teich ein, kann man beobachten, dass die Koi ihm neugierig nachschwimmen.

Die Koi suchen im Teich ständig nach Fressbarem.

? Koi scheinen immer hungrig und fressen für ihr Leben gern.

→ Überfüttern Sie Ihre Koi nicht. Was in 5 Min. verzehrt wird, ist die richtige Menge.

Wer Erster sein will, nimmt das Futter auch aus der Hand.

? Seidenraupenpuppen oder Garnelen sind ein besonderes Highlight für Ihre Koi.

→ Auf besondere Leckerbissen sind Koi richtig gierig.

Das »Küssen« der Koi ist ein Sinnbild für die Friedfertigkeit dieser Fische.

? Im friedlich-ruhigen Teich können Sie dieses Verhalten oft beobachten.

→ Koi lieben den Kontakt zu Ihresgleichen und gehen häufig auf »Tuchfühlung«.

Fragen rund um Kauf und Eingewöhnung

Was brauche ich direkt nach dem Koieinkauf, um auf alle Eventualitäten eingerichtet zu sein?
Folgendes sollten Sie bei der Ankunft Ihrer Fische angeschafft haben: Einen großen, runden, feinmaschigen Kescher, um kleine Kontrollen am Fisch durchführen. Zur Prüfung der Teichtemperatur dient ein Schwimmthermometer. Und für die Messung von Wasserwerten brauchen Sie elektronische Messgeräte oder Indikatoren. Leichtes Futter mit niedrigem Proteingehalt (ca. 30 %) ist zum Anfüttern neuer Koi ideal.

Was hat es zu bedeuten, wenn meine Koi nach dem Einsetzen an der Teichoberfläche nach Luft schnappen und dann blubbernd abtauchen?
Das liegt daran, dass im Transportwasser normalerweise mehr reiner Sauerstoff gebunden ist als im Teichwasser. Nach dem Einsetzen versucht der Koi nun im so genannten »Gasaustausch«, einen Ausgleich zu finden und sich langsam an seine neue Umgebung anzupassen. Es ist also ein ganz normales Verhalten und tritt bei jedem Koi unterschiedlich stark auf.

Was muss ich bei der Kombination verschiedener Koi beachten? Welche Koi passen zueinander?
Große und kleine Koi haben sehr unterschiedliche Verhaltensmerkmale. Während die Größeren ruhig, ausgeglichen und majestätisch ihre Kreise ziehen, sausen die Kleineren munter und lebhaft durch ihr Reich. Daraus kann man ablesen, dass es von Vorteil ist, ähnlich große Fische zusammenzusetzen. Sie werden sich besser vertragen. Außerdem harmonieren sie auch im Aussehen besser miteinander.

Wie kann ich meine neuen Koi besonders verwöhnen, damit sie sich rasch eingewöhnen?
In den ersten Tagen nach dem Einsetzen werden die Koi vorsichtig gefüttert, später kann man sie mit Leckerbissen, wie z. B. Seidenraupenpuppen

Sicherer Transport: Plastiksack mit Wasser und Sauerstoff, gut in einem Karton verstaut.

oder Regenwürmern verwöhnen (→ Seite 52/53). Sie können auch etwas Meersalz ins Teichwasser geben: Dadurch wird mehr Sauerstoff im Wasser gelöst und die Durchblutung der Koi wird gefördert. Pro 1000 l Wasser empfehle ich 1 kg Salz. Kaufen Sie Koi im Frühjahr, gleichen Sie kältere Tage und Nächte aus, indem Sie leicht zuheizen.

? Was kann ich tun, damit meine Koi möglichst schnell zahm werden?

»Liebe geht durch den Magen«, so sagt man – auch bei Koi ist das nicht anders! Halten Sie zunächst Ihre Fische beim Füttern ein wenig kurz, so steigert sich der Appetit. Bieten Sie nun jedes Mal, wenn Sie an den Teich treten, ein wenig Futter aus der Hand an. Gehen Sie am besten immer an die gleiche Stelle und bieten Sie ruhig besondere Leckerbissen an.

? Was kann ich tun, wenn mein Koischwarm unruhig ist und nicht handzahm wird?

Lassen sich Ihre Koi nicht vom Lieblingsfutter anlocken, dann ergänzen Sie Ihr Fischsortiment mit einem »Chagoi«. Diese Koi-Variante besticht durch Zutraulichkeit, Ausgeglichenheit und einen grenzenlosen Appetit. Sie sind fähig, den gesamten Bestand im Teich zur Ruhe kommen zu lassen. Mit etwas Glück finden Sie bereits beim Händler einen Chagoi, der Futter aus der Hand nimmt.

? Was hat es zu bedeuten wenn ein Neuling unentwegt verfolgt wird?

Dieses Verhalten wird zwar manchmal beobachtet, ist jedoch nicht besorgniserregend. Es handelt sich dabei wohl um eine Art des Kennenlernens und hat nichts mit Revierverteidigung zu tun. Verletzungen sind nicht zu erwarten. Nach einigen Stunden wird Normalität in den Teich zurückkehren.

? Warum laichen viele Weibchen unmittelbar nach der Ankunft im neuen Teich ab?

Im Frühling bis Frühsommer ist bei den Koi Laichzeit. Kommt ein laichreifes Weibchen in ein neues Gewässer, so wird es durch die Umgebungsveränderung und leichte Temperaturerhöhung zum Ablaichen stimuliert.

MEINE TIPPS FÜR SIE

Richard Hilble

Die ersten Tage

- Koi, die beim Händler als scheinbar harmlos ausgegebene Verletzungen aufweisen, sollten Sie trotz verlockendem Rabatt nicht mit nach Hause nehmen.
- Es kann vorkommen, dass sich ein Koi eine kleinere Blessur beim Transport zufügt. Als »Erste Hilfe« können Sie ein Desinfektionsmittel aus Ihrer Hausapotheke auftragen.
- Stellen sie vor dem Einsetzen neuer Fische Kartons o. Ä. an Einläufen und flachen Teichrändern auf, damit die Neuankömmlinge nicht aus dem Teich springen können.
- Viele Koi-Weibchen laichen unmittelbar im neuen Teich ab. Das kann zu schlechteren Wasserwerten führen – erhöhen Sie die Sauerstoffzufuhr und stellen Sie die Fütterung für die nächsten paar Tage ein.
- Nach dem Neubesatz ist zur Vorbeugung eine leichte Desinfektion mit einem handelsüblichen Mittel im Teich empfehlenswert.

Artgerechte Unterbringung

Den Koiteich planen und anlegen

Damit Sie dem »König der Gartenteiche« ein optimales Zuhause bieten können, bedarf es professioneller Planung, fachmännischer Ausführung und nicht zuletzt auch dem entsprechenden Ambiente – Adel verpflichtet schließlich, auch bei Koi! Doch ein meisterhaft gestalteter Koi-Teich allein genügt nicht. Deshalb finden Sie auf den folgenden Seiten die verschiedenen Möglichkeiten, wie Sie Ihren Koi einen angemessenen Lebensraum bieten können, in dem sich die Tiere rundum wohl fühlen und gesund bleiben. Überschätzen Sie dabei aber Ihre eigene Bau- und Planungsfähigkeit nicht: Nachträgliche Sanierungsarbeiten sind nicht nur ärgerlich, sondern auch viel teurer, als wenn Sie gleich einen Fachmann zu Rate ziehen. Folgende Punkte sollten sie bei der Planung unbedingt beachten.

Die ideale Lage: Anders als ein naturnaher Biotopteich, der eher weit vom Wohnbereich entfernt liegen sollte,

Für den Bau eines Koiteichs ist gute Planung nötig, um nachträgliche Sanierungsarbeiten zu vermeiden. Lohn der Mühe ist die Freude am gelungenen Teich und das Wohlbefinden Ihrer Koi.

Ein Orenji Ogon bei seiner täglichen Lieblingsbeschäftigung: Fressen.

um das Leben darin nicht zu stören, sollte sich der Koiteich so dicht wie möglich am Haus befinden. Von hier aus ist die Betreuung der Koi zu jeder Jahreszeit bequem möglich. Weitere Vorzüge bietet diese Lage wegen der Strom- und Wasseranschlüsse, und bei Bedarf kann sogar die Hausheizung für die Erwärmung des Teiches im Winter angezapft werden. Besonders gut eignet sich ein halbschattiger Platz für Ihren Koiteich. Becken mit zu viel Sonneneinstrahlung haben leider immer wieder mit starkem Algenwachstum und erhöhten pH-Werten zu kämpfen. Auch die Farbqualität Ihrer Koi leidet unter zu extremer UV-Einstrahlung. Wählen Sie die Lage des Teichs deshalb so, dass er von Bäumen beschattet wird. Bevorzugen Sie dabei immergrüne Gewächse und Nadelbäume, damit der Teich im Herbst nicht durch herabfallendes Laub verunreinigt wird.

Die richtige Größe: Für einen Koi-Teich ist keine »Parkanlage« nötig. 15–30 m^2 mit einer optimalen Tiefe von 1,5–1,8 m und steil gestalteten Wänden reichen völlig aus. Die angegebene Tiefe ermöglicht es, dass die Fische sicher überwintern können. Außerdem kühlt das Wasser bei nächtlichen Temperaturschwankungen nicht so schnell aus. Aus einem Teich dieser Größe können Sie auch kranke oder verletzte Fische leicht herausfangen, was bei einem zu großen Teich nicht mehr möglich wäre.

Die perfekte Planung: Ein lebhaft gestaltetes Becken mit Koi kann die ganze Familie begeistern. Perfekt ist die Kombination von Badeteich und Koiteich: Näher können Sie Ihren Lieblingen kaum kommen. Gehen Sie aber bitte nie mit Sonnenöl baden. Die Teichtechnik für Koiteich und Badeteich ist sich so ähnlich, dass Sie diese leicht kombinieren können.

Wenn Sie all diese Punkte bedacht haben, können Sie bei der Planung Ihres Koiteichs Ihrer Phantasie freien Lauf lassen. Skizzieren Sie Ihr Grundstück maßstabgetreu mit technischen Anschlüssen und zeichnen Sie die Ideallage für den Koiteich ein.

TIPP

Koi-Feinde fernhalten

- Der häufigste Koi-Feind auch in Wohnsiedlungen ist der Graureiher. Gestalten Sie deshalb die Teichwände steil, dann können diese Vögel nicht, wie sie es gewohnt sind, im flachen Wasser stehen und dort fischen. Zwei bis drei Drähte im Höhenabstand von 20 cm rings um das Becken halten die Vögel fern.
- Gegen Katzen hilft am besten eine hohe Randeinfassung. Verzichten Sie lieber auf Trittsteine im Wasser.
- Vertreiben Sie Wildenten, die auf dem Teich landen: Sie bringen Parasiten aus fremden Gewässern mit.

Wasser- und Belüftungspumpen

Das Herzstück des Teichs ist eine dauerhaft gut funktionierende Wasserpumpe, die sowohl zuverlässig als auch energiesparend arbeitet. Um 10 m^3 Wasser pro Stunde zu fördern, benötigt die Pumpe 150–250 Watt Leistung. Wählen Sie am besten eine

Gut versteckt findet die Filteranlage z. B. unter der Terrasse ihren Platz.

Pumpe, bei der man die Fördermenge absenken kann oder suchen Sie ein Modell aus, dem eine Reduzierung durch einen Kugelhahn bzw. Zugschieber nicht schadet. Grundsätzlich unterscheidet man zwischen im Wasser getauchten und trocken aufgestellten Pumpen.

➤ Der Vorteil der getauchten Pumpe ist, dass sie im Sommer wegen des kühlenden Teichwassers nicht überhitzen kann und im Winter nicht einfrieren wird. Außerdem arbeiten diese Wasserpumpen sehr geräusch- und vibrationsarm und geben vorteilhaft die von ihnen erzeugte Wärme an das Wasser ab.

➤ Bei trocken stehenden Pumpen (Kreiselpumpen) kann es im Sommer leider auch einmal zu einer Überhitzung kommen. Außerdem sind sie sehr laut, weshalb sie auf keinen Fall in der Nähe einer Terrasse montiert werden sollten. Unangenehm ist auch ihre hohe Wartungsanfälligkeit.

➤ Verlassen Sie sich nicht nur auf die Leistungsangabe einer Wasserpumpe, sondern nehmen Sie das Leistungsdiagramm näher in Augenschein. Anhand der Kennlinie können Sie ablesen, welche Wassermenge bei angegebenen Förderhöhen noch gepumpt werden kann. Lange Förderwege im Rohrsystem vermindern durch einen unnötig hohen Reibungswiderstand die Leistung der Pumpe, wählen Sie deshalb eine starke Pumpenleistung für Ihren Koiteich aus.

➤ Wenn Sie zwei kleinere Pumpen einsetzen anstatt einer großen, haben Sie einen Vorteil im Winterbetrieb: Sie müssen zur Reduzierung der Strömung nur eine davon ausschalten. Und sollte einmal eine der Pumpen ausfallen, so haben Sie immer noch die andere, die den Teich versorgen wird.

➤ Wenn Sie eine Solarpumpe kaufen, so bedenken Sie bitte, dass Fische auch nachts versorgt werden müssen und dies bei dieser Pumpenart nicht gewährleistet ist.

Belüftungsmöglichkeiten

Die sicherste Möglichkeit, den Sauerstoffgehalt optimal zu gewährleisten, ist der Einsatz einer Belüftungspumpe.

Sie sollte unbedingt trocken und über dem Wasserspiegel des Teiches aufgestellt werden. Ist dies nicht der Fall, so kann bei einem eventuellen Stromausfall über die Luftschläuche Wasser ins Gerät eindringen. Es gibt Membranpumpen und Kompressoren in unterschiedlichsten Größen und Qualitäten im Fachhandel.

- Membranpumpen arbeiten wesentlich leiser und auch zuverlässiger als Kompressoren.
- Das Wasser eines Teiches von ungefähr 20 000 l Volumen sollte im Sommer bei hohen Wassertemperaturen mit mindestens 2000 l Luft pro Stunde belüftet werden, damit die Koi gesund bleiben.
- Das Teichwasser wird am besten durch Luftausströmersteine mit Sauerstoff versorgt. Sie sorgen dafür, das er in feinen Perlen vom Wasser aufgenommen werden kann. Luftausströmersteine platziert man im Filter, da die direkte Belüftung im Teich die Wasseroberfläche bricht. Bei sehr großem Wasservolumen und hohem Fischbesatz werden gelegentlich auch Sauerstoffgeneratoren eingesetzt, die aber sehr anfällig sind.

Der Koiteich ist eine Oase der Entspannung im Garten – wer möchte hier nicht seine Gedanken schweifen lassen?

- Wenn Sie einen Bach mit Wasserfall oder eine Wasserfontäne in Ihrem Koiteich besitzen, wird zusätzlich Sauerstoff ins Teichwasser eingetragen. Dies kann jedoch niemals ein Belüftungsgerät komplett ersetzen.
- Oft werden Wasserpflanzen als Sauerstoffspender angepriesen. Das funktioniert zwar am Tag, nachts und am Morgen entsteht durch den Sauerstoffverbrauch der Pflanzen aber ein gefährlicher Sauerstoffmangel.

Lampen, Skimmer und Heizung

Im Fachhandel finden Sie viele technische Hilfsmittel, die es Ihnen erleichtern, einen gepflegten, gut funktionierenden Lebensraum für Ihre Koi zu schaffen.

Gegen Algen: UV-Lampe

Grünalgen machen vielen Teichbesitzern ernsthafte Sorgen. Bei zu starkem Algenwuchs wird das Wasser nahezu undurchsichtig grün und ein Anstieg des pH-Wertes ist die Folge. Denn auch wenn ein Filtersystem sehr gut funktioniert, kann es trotzdem vor allem im Frühjahr zur Algenblüte kommen. Abhilfe schafft eine Ultra-Violett-Lampe. Im Handel gibt es verschiedene Modelle mit unterschiedlicher Leistung. Um die richtige UV-Stärke für Ihren Teich herauszufinden, rechnen Sie mit ungefähr 1–2 Watt pro 1000 l Teichvolumen. Bei unter Wasser liegenden Filtersystemen wird das Gerät nach dem Filter beim Rücklauf zum Teich angeschlossen. Bei oberirdisch aufgestellten Filteranlagen installiert man die UV-Lampe vor dem Filter beim Wassereintritt. Letztendlich hat die Lage des Gerätes jedoch keinen Einfluss auf seine Funktion.
Ultra-violettes Licht wirkt ausschließlich gegen Grün- oder Schwebealgen, jedoch nicht gegen Fadenalgen. Gegen diese werden Teichmagnete angeboten. Sie zeigen aber nur selten Erfolg. Besser sind spezielle Präparate (→ Seite 57).

Kunststoffhohlkugeln als Winterabdeckung sind eine einfache und saubere Möglichkeit, den Teich vor Kälte zu isolieren.

Für eine klare Wasseroberfläche: Skimmer

Die Teichoberfläche wirkt oft schmutzig, weil Blütenstaub auf sie geweht wird oder weil sie durch fetthaltiges Koi-Futter verschmutzt wird. Hilfe bringt hier ein so genannter Skimmer. Man unterscheidet zwischen Schwimm- und Schwerkraft-Skimmern. Für

Ein Teich in sonniger Lage, aber mit glasklarem Wasser – das ist nur durch die Hilfe eines UV-Gerätes gegen Algen möglich.

Erstere benötigen Sie eine zusätzliche Pumpe. Einfacher sind Schwerkraft-Skimmer. Sie funktionieren mechanisch über die direkte Verbindung in den unter Wasser liegenden Filter, so dass keine weitere Pumpe notwendig ist. Bauen Sie den Skimmer an der Stelle ein, wo sich Schmutz ansammelt. Folgende Punkte sollten Sie beachten:

➤ Das Skimmerrohr sollte ca. 10 cm Durchmesser haben, damit es nicht durch Laub verstopft wird.

➤ Es muss immer ein leichtes Gefälle haben, damit es sich jederzeit entlüften kann. Die Richtung des Gefälles ist egal.

➤ Achten Sie darauf, dass die Rohrleitung zwischen Skimmer und Vorfilter kurz ist, um den Reibungswiderstand gering zu halten.

➤ Auf das Skimmerrohr wird ein »Stutzen« aufgesetzt. Er wird beim Füttern hochgezogen, so dass kein auf der Oberfläche schwimmendes Futter abgesaugt wird.

Die Teichheizung

Das Angebot an Heizungssystemen für Teiche reicht von Heizstäben, die auf den Teichgrund gelegt werden bis zum Durchlauferhitzer. Dieser wird direkt in der wasserführenden Zuleitung des Teichs platziert. Schwimmbad-Heizsysteme, die von der Hausheizung gespeist werden, kommen bei sehr großen Teichen zum Einsatz. Weniger geeignet sind Solar-Anlagen, da man gerade im Winter die größte Wärmezufuhr benötigt, wenn die Anlage nur wenig Energie liefert.

Weitere Geräte

➤ Die Teichtemperatur können Sie manuell oder elektronisch messen, dies muss nicht 100 %ig genau sein.

➤ Ozon-Anlagen, die zur Wasseraufbereitung gedacht sind, Salzsäure-Dosierungsanlagen, die den erhöhten pH-Wert regulieren sollen und andere aufwendige Steuerungstechnik sind für einen Koiteich nicht notwendig.

TIPP

Sichere Technik

➤ Alle elektrischen Anschlüsse rund um den Koiteich sollten Sie von einem Fachmann in VDE-Norm anschließen lassen und unbedingt über einen FI-Schutzschalter absichern.

➤ Wählen Sie beim Kauf der UV-Lampe einen großen Durchmesser für den Wasserfluss, damit die Pumpenleistung nicht reduziert wird.

➤ Tauschen Sie die Röhre in Ihrem UV-Gerät unbedingt jedes Jahr einmal aus, am besten im Frühling.

➤ Zur Berechnung der benötigten Energiemenge für die Heizung Ihres Teichs ziehen Sie am besten einen Experten zu Rate.

Der richtige Filter für den Teich

Eins vorweg: Lassen Sie sich bitte nicht zum Kauf viel zu kleiner kompakter Filtertöpfe für Ihren Teich verleiten. Diese können einen Teich mit 400–500 l Wasser aufbereiten, aber keinen Koiteich mit über

Die Teichströmungsrichtung sollte immer im Uhrzeigersinn verlaufen.

10 000 l Wasserinhalt. Der Filter ist schließlich das Herzstück des Koiteichs und sorgt dafür, dass die Fische in gesundem, sauberem Wasser leben. Eine Filteranlage für die Haltung von Koi sollte sich in zwei voneinander getrennte Elemente unterteilen – ein mechanischer und ein biologischer Teil. Beide sollen separat gereinigt werden können. Planen Sie vorausschauend und legen Sie den Filter ruhig etwas zu groß aus – vielleicht kaufen Sie ja mehr Fische als gedacht.

Der geeignete Standort für den Teichfilter

Damit eine Filteranlage leicht zu handhaben ist, benötigt man einen Zulauf für Leitungswasser und einen Ablauf für Schmutzwasser. Außerdem sind mehrere Stromanschlüsse für die Belüftung, die Pumpe und das UV-Gerät erforderlich. Diese Voraussetzungen finden Sie meist in der Nähe des Wohnbereichs.

Die Funktion des mechanischen Filterteils

Im mechanischen Filterteil werden ausschließlich grobe Verunreinigungen wie Fischkot, Laub, Futterreste etc. aufgefangen. Dies geschieht am einfachsten über Filterbürsten. Der Vorteil liegt darin, dass sie durch ihre dichten, gedrehten Kunststofffasern Schmutz gut zurückhalten, selten verstopfen und dennoch leicht zu reinigen sind. Auch ein so genannter »Vortex« (Zirkulations-Absetz-Kammer) kann als mechanische Filterung eingesetzt werden. Er funktioniert jedoch erst ab einem Durchmesser von 1,5 m zuverlässig. Ist sein Durchmesser kleiner, entsteht eine starke Kreisströmung, so dass sich große Partikel nicht absetzen können.

Die Funktion des biologischen Filterteils

Im biologischen Filterteil werden im Wasser gelöste, schädliche Stickstoffverbindungen mit Hilfe von Bakterienstämmen in unschädliche Stoffe umgewandelt. Diese Stickstoffverbindungen stammen von den Ausscheidungen der Fische. Damit sich solche Bakterien im Filter ansiedeln und vermehren können, muss der Filter ein spezielles Filtermedium enthalten, das eine möglichst große Oberfläche haben soll und unbehindert vom Wasser durchströmt werden kann. Der Handel bietet hierfür verschiedene Materialien wie Filterschaumstoff, Kunststoffgranulat und vieles mehr. Am besten bewährt haben sich japanische Filtermatten aus PVC-Geflecht – sie bieten eine riesige Oberfläche für den so genannten biologischen Rasen und haben den Vorteil, nicht zu verstopfen. Seine optimale Funktion erreicht der biologische Filter aber erst im Laufe von einigen Monaten, bei warmen Temperaturen ab ca. 15 °C und reichlicher Belüftung.

Filter-Variationen

Am besten eignet sich ein Filter, der auf dem Niveau der Wasseroberfläche liegt. Man spricht dann von einem Filter »in getauchter Ausführung«, weil er auf gleichem Wasserniveau wie die Teichoberfläche eingebaut wird. Die Pumpe hat Ihren Standort hinter den Filtermatten und kommt deshalb nur mit sauberem Wasser in Berührung. Dies verhindert, dass sie sich verstopft. Beim Abschalten der Pumpe bleiben die Matten getaucht und der Filter läuft dennoch nicht über. Diese Filtervariante kann zwischen den Filtermatten großzügig belüftet werden. Es gibt aber auch Filter, von deren Verwendung abzuraten ist: Sandfilter sind schlecht zu belüften, Patronenfilter können nur aufwändig gereinigt werden, Trommelfilter sind schwierig zu integrieren und Rieselfilter haben kaum eine Schmutzrückhaltung. All diese Filtertypen sind also in Funktion und Pflege anfällig und deshalb ungeeignet für einen Zierfischteich.

1 Skimmer, 2 Rücklauf, 3 Abfluss, 4 Belüftungskugeln, 5 Bodenablauf.

GUT ZU WISSEN

Perfekte Teichfilterung

- ✔ Arbeiten die Bakterien im neuen Filter noch nicht oder zu gering, so kann mit Filterstarterbakterien (im Handel erhältlich) nachgeholfen werden.
- ✔ Im biologischen Filterteil darf nie die Belüftung ausgeschaltet werden. Die Bakterien sterben sonst ab und die Fische erleiden akuten Sauerstoffmangel.
- ✔ Säubern Sie die Filtermatten schonend, spülen Sie nur lose Partikel vorsichtig aus.
- ✔ Im Winter kann ein getauchtes Filtersystem (eventuell leicht beheizt) weiterlaufen – oberirdische Systeme kühlen zu sehr aus und sind deshalb nicht zu empfehlen.

Die Gestaltung des Koiteichs

Die gestalterischen Möglichkeiten Ihres Koi-Teichs hängen, was die Größe und Form angeht, sehr stark von Ihrem Grundstück ab (→ Seite 32). Zum Zweiten wird die Gestaltung des Teichs ganz wesentlich vom Stil Ihres Hauses und Gartens beeinflusst: Ein

In asiatisch gestalteten Gärten darf eine Steinlaterne nicht fehlen.

typisch japanisch angelegter Teich im Garten eines schwäbischen Bauernhauses wirkt mit Sicherheit fehl am Platz! Doch egal, für welche Form und welchen Stil Sie sich entscheiden: Eine wichtige Voraussetzung dafür, dass Ihr Koiteich funktioniert, ist die Teichströmung. Die Wasserführung – gesteuert durch den Wassereinlauf – sollte so angebracht werden, dass sämtliche Verunreinigungen im Teich über die Kreisströmung automatisch zum Bodenablauf geleitet werden.

➤ Die einfachste Teichform für eine Kreisströmung ist das runde Becken mit einem Bodenablauf.

➤ Die beliebteste Teichform für zwei Kreisströmungen ist das nierenförmige Becken mit zwei Bodenabläufen.

➤ Ebenfalls praktikabel ist die Kleeblattform: Sie hat drei Kreisströmungen mit drei Bodenabläufen (→ Seite 38). Von Zierfischteichen mit mehr als drei Kreisströmungen ist abzuraten.

Teichmaterial

Für welches Teichmaterial Sie sich entscheiden, hängt von der Bodenbeschaffenheit, der Bauzeit und Ihren finanziellen Möglichkeiten ab. Polyester (GFK) hat den größten Vorteil: Es ist sehr lange haltbar, lässt sich am besten modellieren und schnell verarbeiten. Teichfolie sollte in Bahnen verschweisst werden, damit keine Falten entstehen. Am Rand muss eine Verstärkung angebracht werden, damit nichts abrutschen kann. Beton erleichtert den Bau steiler Wände, muss aber mit einer für Fische ungiftigen Beschichtung (Flüssigfolie) abgedichtet werden.

Rund um den Koiteich

➤ Rohrleitungen sollten so verlegt sein, dass sie den Betrachter nicht stören. Um vor Frost geschützt zu sein, sollten sie mindestens 50 cm tief im Boden liegen. Weil undichte Stellen nach Bauabschluss kaum mehr zu finden sind und die Reparatur äußerst kompliziert sein kann, sollten Sie nur hochwertige, stabile Leitungen verwenden.

➤ Sand- und Kalksteine sind als Teicheinfassung ungeeignet, da sie sich mit Wasser voll saugen und im Winter Frostschäden entstehen, besser ist

Ein makelloser Koiteich ist ein Schmuckstück. Rohrführung und Teichfilteranlage sind perfekt versteckt.

z. B. Granit. Bedenken Sie, dass die Koi neben sehr großen Steinen klein wirken.

➤ Holz ist ein reizvolles Gestaltungselement, es haben sich jedoch nur wenige Sorten wie Eiche, Lärche oder Teakholz bewährt. Zur Abdeckung großer Filteranlagen eignet sich Teakholz . Verwenden Sie aber nur Plantagenholz. Bauen Sie keinen Teichrand aus Eisenbahnschwellen, sie sind mit stark fischtoxischen Mitteln behandelt.

➤ Kiesflächen sehen im Garten zwar schön aus, sind aber sehr schwer sauber zu halten. Legen Sie unter diese Flächen ein Vlies, das das Unkraut zurückhält und verhindert, dass die Erde nach oben geschwemmt wird.

Sichern Sie Ihren Teich

Unterschätzen Sie nie die Gefahr, die von einem Koi-Teich ausgeht – er hat steile Wände. Kinder und Haustiere, die hineinfallen, kommen oft nicht mehr heraus. Verhindern Sie auch, dass jemand die Winterabdeckung (→ Seite 49) betritt: Sie hält die Belastung nicht aus und einbrechende Personen können sich verletzen. Bedenken Sie: Sie müssen für Ihren Teich haften.

CHECKLISTE

So machen Sie Ihr Biotop fit für Koi!

- ✔ Entfernen Sie einen großen Teil der Wasserpflanzen, um Platz zu schaffen.
- ✔ Bauen Sie eine funktionale Teichfilterung mit guter Belüftung ein.
- ✔ Ergänzen Sie einen Bodenablauf für die Entfernung von Schmutzpartikeln.
- ✔ Gestalten Sie die Teichwände steiler, so dass der Teich mehr Volumen hat.
- ✔ Hat der Teich nur eine geringe Tiefe, decken sie ihn im Winter ab und heizen etwas.
- ✔ Pflanzen Sie möglichst immergrüne Bäume und Sträucher, damit der Teich besser beschattet ist.

Pflanzen in und am Koiteich

Koi sind farbenprächtige Juwelen – eigentlich würden sie mit ihren herrlichen Farbkontrasten schon allein zur Belebung Ihres Gartens genügen. Die Bepflanzung um das Zierfischbecken kann deswegen ruhig dezent und zurückhaltend sein. Auf Wasserpflanzen im Koiteich selbst sollten Sie lieber verzichten,

In Form geschnittene Pflanzen geben dem Garten Klarheit und Ordnung.

da diese Fischart sehr große Freude daran hat, solche Pflanzen herauszureißen und jegliche Begrünung abzufressen. Als weiterer Grund gegen einen üppig bewachsenen Teich spricht, dass sie zu einer hohen Photosyntheserate und damit Überproduktion von Sauerstoff am Tag und zu einem hohen Sauerstoffverbrauch in der Nacht führt. In den Morgenstunden kann dieser natürliche Vorgang für Ihre Koi gefährlich werden, sie leiden unter Sauerstoffmangel und beginnen, an der Wasseroberfläche nach Luft zu schnappen (→ Seite 35). Auch die Teichströmung wird durch Pflanzenwuchs sehr beeinträchtigt, weil Bodenabläufe und Rohrleitungen verstopfen können.

Pflanzen im Teich

Möchten Sie trotzdem nicht auf Pflanzen im Teich verzichten, so wählen Sie am besten See- oder Teichrosen, die das Becken zusätzlich beschatten. Da der Koiteich für Seerosen zu tief ist, pflanzen Sie sie in Töpfe, stellen diese auf Füße und beschweren den Wurzelballen mit schweren Steinen. So blockieren sie die Strömung zum Bodenablauf auch nicht.

Pflanzen am Teichrand

Am Teichrand selbst können Sie vielfältige Pflanzen wählen. Am besten eignen sich krautige Pflanzen und Gehölze, die im Herbst kein Laub abwerfen. Klären Sie vor dem Kauf unbedingt, wie der Boden rund um den Teich beschaffen ist und kaufen Sie nur Pflanzen, die sich dort wohl fühlen werden.

➤ Möchten Sie einen Garten im asiatischen Stil, so eignen sich Azaleen, Rhododendren, in Form geschnittene Pflanzen und Bonsai in Kombination mit Kies und einzelnen Felsen besonders gut.

➤ Bambus passt zwar wunderbar zum Koiteich, muss aber wegen seines unbändigen Wuchses unbedingt mit einer Rhizomsperre eingedämmt werden.

➤ In schattigen Teichbereichen wirken und gedeihen Farne sehr schön.

➤ Ein reich bepflanzter Bachlauf verleiht dem Garten etwas Verträumtes und kann in Form eines leise plätschernden Wasserfalls in den Teich fließen. Ein Bach ist zugleich eine gute Ablenkung für Kinder: Sie spielen viel lieber an einem flachen Bachlauf als am Teichbecken. Für die Pflanzenauswahl nehmen Sie sich am besten die Zeit für einen Bummel in einer Fachgärtnerei. Vergessen Sie dabei den Plan von Ihrem Garten nicht.

Ein sich zum Wasser neigender Baum ist nicht nur ein dekorativer Blickfang, sondern bietet den Fischen obendrein Schatten.

Diese Pflanzen passen zu einem Koiteich

Dt. Name/Lat. Name	Merkmale	Höhe	Standort/Boden	Bemerkungen
Rhododendron (*Rhododendron*)	blüht reich, viele Farben, teils immergrün	ca. 3 m	Schattenplätze, sauer	nicht alle Sorten sind winterhart
Azaleen (*Rhododendron*)	klein bleibend, halbimmergrün	bis 1 m	Halbschatten bis Schatten	nur in milden Lagen winterhart
Bambus (*Arundinaria* spec.)	schnellwüchsig, immergrün	0,3–9 m	Halbsch./Sonne, kalkhaltig, feucht	bildet Rhizome, Rhizomsperre!
Buchsbaum (*Buxus* spec.)	wächst langsam, immergrün	bis 3 m	alle Lagen möglich	auch im Winter gießen
Jap. Ahorn (*Acer japonicum*)	Herbstlaub, Laub abwerfend	2–5 m	Halbsch., leicht, neutral bis sauer	hervorragend als Solitär geeignet
Eibe (*Taxus baccata*)	Japanisch wirkend, winterharte Sorten	bis 10 m	Sonne/Halbsch. leicht sauer	Vorsicht: giftig!
Farne	feingliedrig bis ungefiedert, sattes Grün	0,2–1,3 m	Schatten, leicht feucht, sauer	im Sommer regelmäßig wässern

Fragen rund um die artgerechte Unterbringung

? Ist eine artgerechte Haltung von Koi im Aquarium oder in kleinen Becken bis 1 m³ möglich?

Auf keinen Fall! Koi sind Karpfen und werden von Natur aus sehr groß. Im Aquarium sind sie in Wachstum und Verhalten eingeschränkt. Durch die Haltung hinter Glas entwickelt sich bei den Fischen außerdem eine stete Unruhe, sie stoßen häufig gegen die Wände oder versuchen, herauszuspringen. Auch in kleinen Becken kann man Koi nicht artgerecht halten, weil sie auch hier versuchen, herauszuspringen.

? Darf ich meinen Koiteich an einem Platz in der direkten Sonne anlegen?

Grundsätzlich ist eine Lage des Zierfischteiches im Halbschatten einem Platz in der direkten Sonne vorzuziehen. Starke Sonneneinstrahlung führt häufig dazu, dass die Algen stark wachsen. Dies hat leider auch zur Folge, dass der pH-Wert steigt und die Fische gesundheitliche Probleme bekommen. Steht kein geeigneter sonnengeschützter Platz zur Verfügung, gibt es die Möglichkeit, den Teich mit einem gespannten Segeltuch zu beschatten.

? Warum ist eine zusätzliche Belüftung für den Koiteich so wichtig?

Die Besatzdichte im Gartenteich ist im Vergleich zu einem Natursee sehr hoch. Deshalb befinden sich im Filter sehr große Bakterienmengen, die beim Abbau der Stickstoffverbindungen reichlich Sauerstoff verbrauchen. Die Verdauung und die Atmung der Koi sind aber von einem optimalen Sauerstoffgehalt im Wasser abhängig. Eine zusätzliche Belüftung sorgt dafür, dass Ihre Koi fit und weniger anfällig für Krankheiten sind.

An der Terrasse angelegte Teiche fördern die Zutraulichkeit der Koi.

? Muss ein Koiteich im Winter unbedingt abgedeckt werden?

Generell ja! Durch die Abdeckung verhindern Sie nicht nur, dass das Teichwasser auskühlt, sondern Sie geben den Fischen durch das Abdunkeln die Möglichkeit, dass sie im Winter stressfreie Ruhe finden. Einen weiteren Vorteil bietet die Abdeckung beim Zuheizen Ihres Teiches, denn sie verhindert einen unnötigen Energieverlust.

? Weshalb soll ein Koiteich mindestens 1,5 m tief sein?

Mit großer Tiefe kann Teichen viel Volumen gegeben werden, was günstig für das Wohlbefinden der Koi ist: Sie haben nun einmal einen höheren Platzbedarf bedingt durch ihr rasches Wachstum. Außerdem erreicht man bei 1,5 m Tiefe den Bereich der Erdwärme, was die Heizkosten für das Beheizen des Teichs im Rahmen hält.

? Ist die Empfehlung, Koiteiche mit übergroßen Filtern auszustatten, wirklich wichtig?

Die Freude am Füttern der Fische ist bei vielen Koiliebhabern ungebremst. Die negative Folge: Durch die große Menge an Ausscheidungen gelangt viel Stickstoff ins Wasser, der in unseren Teichen nicht mehr abgebaut werden kann, sondern über eine perfekte Filteranlage unbedingt beseitig werden muss. Je größer der Filter ist, umso weniger oft muss der Filter gereinigt werden.

? Brauchen Koi Rückzugs- und Versteckmöglichkeiten im Teich?

Koi sind keine Wildfänge, sondern gezüchtete Fische, die ständig mit Menschen in Kontakt sind und daher nicht das Bedürfnis haben, zu fliehen. In Teichen ohne Verstecke werden Koi viel leichter handzahm und suchen die Nähe des Menschen. Eine Beschattung als Rückzugsmöglichkeit vor zu heißer Sommersonne wird jedoch von den Koi gerne angenommen.

? Warum ist der typische Koiteich gar nicht oder kaum bepflanzt?

In einen Koiteich gehört eine gute Filterung. Diese benötigt meist Bodenabläufe. Durch den Filterbetrieb entsteht aber eine Kreisströmung, um den Schmutz zum Boden zu befördern. Pflanzen behindern den Ablauf dieser Bewegung. Gegen Pflanzen im Koiteich spricht auch die Gefräßigkeit der Koi: Von ihnen abgerissene Pflanzenteile verstopfen die Bodenabläufe.

MEINE TIPPS FÜR SIE

Richard Hilble

Ein Wohlfühl-Teich für Koi

- Sorgen Sie für Schatten in Ihrem Koiteich! Zu starke Sonneneinstrahlung verschlechtert die Farb- und Hautqualität der Koi – in den letzten Jahren hat es sogar Sonnenbrand bei Fischen gegeben.
- In großen Teichen mit leichter Strömung haben die Fische die Möglichkeit, viel zu schwimmen. Durch reichlich Bewegung wird wenig Fett und mehr Muskelmasse ausgebildet: Dies führt zu einer optimalen Körperform.
- Das Zupfen an überhängenden Pflanzen vom Teichrand wirkt gegen »Langeweile« der Koi.
- Sollen Ihre Koi schnell wachsen, sollten Sie durch Heizen einige Monate lang für sommerliche Temperaturen im Teich sorgen.
- Um das Ablaichen im Frühjahr zu erleichtern, bringen Sie als Pflanzenersatz künstliches Laichgras an der Teichoberfläche an.

Fit-und-gesund-Programm

Pflege und Wasserwerte

Werden Koi in einem gut geplanten Teich mit klarem Wasser und optimaler Filterung gehalten, beschränkt sich die tägliche Pflege auf ein Minimum. Wichtig ist die Beobachtung der Tiere, die ausgewogene Fütterung und das Prüfen der Wasserwerte mit Messgeräten.

Viel Platz, geschützte Teichränder und sauberes Wasser sind die besten Voraussetzungen für das Wohlbefinden edler Koi.

Verwöhnprogramm für Koi

Geben Sie Salz oder sogar Meersalz (1 kg Salz pro 1000 l Wasser, → Seite 29) ins Teichwasser: Es pflegt Haut und Kiemen. Eine Mineralstoffmischung, z. B. »Refresh« alle zehn bis zwölf Wochen verbessert die Haut- und Farbqualität der Koi.

➤ Bei starkem Fischbesatz empfiehlt sich ab und zu ein kleiner Wasserwechsel. Tauschen Sie aber nie mehr als 20 % des Teichvolumens aus.

➤ Ist ein Koi verletzt, fangen Sie ihn mit einem großen runden Kescher mit knotenlosem Netztuch heraus und desinfizieren die Wunde. Am schonendsten setzen Sie ihn mit einem Handkescher, der an beiden Seiten geöffnet ist, in ein kleines Becken um. Kleine Wege können Koi im leicht mit Wasser gefüllten Plastiksack zurücklegen.

➤ Eine tägliche Kontrolle der Filteranlage und konstanter Belüftung ist unumgänglich. Verändert sich das Verhalten der Fische oder wird das Wasser trüb oder riecht unange-

Für die Inspektion eines Koi bietet sich eine solche blaue Wanne bestens an. So kann auch das Wachstum überprüft werden.

nehm, sollten Sie die Wasserqualität überprüfen, vor allem den pH-Wert und den Nitrit-Gehalt (→ Seite 51).

➤ Temperaturschwankungen von mehr als 4 °C beeinflussen das Wohlbefinden der Koi ebenfalls negativ.

➤ Drehen sich die Fische häufig und scheuern sich an Gegenständen, sind meist Hautparasiten verantwortlich. Geben Sie spezielle Desinfektionsmittel für Gartenteiche zu. Verwenden Sie kein Dach-Regenwasser – es ist oft mit Schadstoffen belastet.

Überwinterung der Koi

Ist der Koiteich tief genug und gefriert nicht durch, ist die Überwinterung der Koi kein Problem. Decken Sie Ihren Teich etwa Anfang Dezember, sobald die Wassertemperatur unter 10 °C sinkt, mit Kunststoffhohlkugeln, Schilfmatten oder Luftpolsterfolie ab. Nun wird die Fütterung der Fische ganz eingestellt. Legen Sie je nach Beckengröße z. B. ein oder mehrere Teichheizer auf den Grund. Diese werden bei Bedarf (Dauerfrost) in Betrieb genommen. Die Belüftung und der Filter müssen eingeschaltet bleiben, arbeiten aber mit reduzierter Leistung (kleinere Pumpe oder reduzierte Leistung, weniger Sauerstoff) weiter, um die Teichströmung zu verringern. Praktisch ist ein Sichtfenster an der Wasseroberfläche (ein Rahmen aus schwimmenden Rohren), damit Sie zwischendurch das Wohlbefinden Ihrer Koi überprüfen können. Kontrollieren Sie regelmäßig die Wassertemperatur – sie darf nicht unter 4 °C sinken! Etwa Ende März, wenn die Temperatur konstant bei 8–10 °C liegt, können Sie die Abdeckung entfernen.

TIPP

Fit durch den Winter

➤ Parasiten schwächen Ihre Koi und erschweren die Überwinterung. Um Ihre Koi gut in den Winter zu schicken, empfiehlt es sich, im Herbst bei ca. 15 °C Wassertemperatur vorbeugend eine Teichdesinfektion durchzuführen.

➤ Heizen Sie im späten Herbst den Teich zu und halten Sie die Temperatur konstant auf 15 °C. Damit bleiben Ihren Koi anstrengende Kälteschwankungen erspart. Denn der Winter ist in unseren Breitengraden für kleine Koi ohnehin schon lang genug!

Pflege rund ums Jahr

Jahreszeit	Fütterung	Pflege	Technik
Frühjahr	Bei deutlichem Appetit der Koi und ca. 10 °C Wassertemperatur können Sie beginnen, Ihren Koi wenig leicht verdauliches Futter zu geben.	Kontrollieren Sie Ihre Koi auf Verletzungen oder Parasiten. Ab 12 °C Wassertemperatur evtl. vorbeugende Behandlung mit Desinfektionsmittel (Fachhandel) gegen Schwächeparasiten durchführen. Für die Laichzeit künstliches Laichgras anbieten. Nach dem Ablaichen Wasserwerte prüfen, evtl. Fütterung reduzieren, kleiner Wasserwechsel (bis 20 %).	Ab stabilen 15 °C Lufttemperatur Teichabdeckung wegnehmen. Bei Nachtfrost leicht zuheizen. Rohre und Bodenabläufe gründlich spülen. Neue UV-Röhren einlegen. Wasserwerte regelmäßig prüfen. Filtertätigkeit wenn nötig mit Filterbakterien ankurbeln.
Sommer	Ab 18 °C dürfen Sie proteinreiches Futter geben. Bei Temperaturen über 28 °C sollten Sie die Fütterung reduzieren.	Zur Pflege der Kiemen alle sechs bis acht Wochen Kiemenpulver in den Teich geben. Teich gegen starke Sonneneinstrahlung schützen.	Nitritgehalt und pH-Wert wöchentlich prüfen. Filteranlage regelmäßig reinigen. Bei steigenden Temperaturen Sauerstoffzufuhr erhöhen.
Herbst	Bei unter 15 °C Wassertemperatur sollten Sie die Fütterung ebenfalls reduzieren. Hochprozentiges Futter vermeiden.	Den Teich gegen Laubeinfall schützen. Keine neuen Koi mehr einsetzen. Fische von Hautparasiten befreien (Teichdesinfektion). Randbepflanzung zurückschneiden.	Filter und Leitungen wärmedämmen. Verschlammte Teiche gründlich reinigen. Evtl. leicht zuheizen. Filterleistung und starke Strömung reduzieren.
Winter	Unter 8 °C Fütterung ganz einstellen.	Wassertemperatur nicht unter 4 °C sinken lassen, sonst zuheizen! Erschütterungen und laute Geräusche vermeiden.	Anfang Dezember Teich abdecken. Außenstehenden Filter abschalten. Belüftung nie ganz ausschalten. Hin und wieder Wasserwerte prüfen.

Überwinterung im Innenbecken

Ist wegen zu geringer Teichtiefe eine sichere Überwinterung der Koi nicht möglich, können Sie vielleicht in der frostsicheren Garage ein spezielles Becken mit »Minifilter« und Belüftung einrichten. Halten Sie die Wassertemperatur zwischen 4 und 8 °C, dann müssen Sie nicht füttern. Eine wärmere Überwinterung ist eher aufwändig.

Die Wasserwerte

pH-Wert: Ob das Wasser sauer oder alkalisch ist, erkennen Sie am pH-Wert. Der Idealwert für Koi liegt bei pH 7, das ist neutral. Werte über pH 7 sind alkalisch, unter pH 7 sauer. Der pH-Wert schwankt je nachdem, wie viel Kohlendioxid die Pflanzen am Tag verbrauchen. Bei Werten über pH 8,5 können die Fische Kiemenschäden bekommen. Dann sollten Sie die Fütterung reduzieren und z. B. pH-Minus (Säure) verwenden, um den Idealwert wieder herzustellen. Liegt der pH-Wert unter 6,5 kann er mit Kalkverbindungen (Branntkalk, Naturkalk) erhöht werden.

Ammoniumgehalt: Ammonium ist eine Stickstoffverbindung, die aus organischen Verunreinigungen wie Fischkot, Harnstoff und Futterresten stammt. So wird z. B. Eiweiß im biologischen Filterteil von Bakterien mit Hilfe von Sauerstoff zu Ammonium und weiter in Nitrit und dann zu fischungiftigem Nitrat abgebaut. Ammonium ist zwar ungiftig, wird aber bei pH-Werten über 8 in giftiges Ammoniak umgewandelt. Ein Gehalt von 0,1–0,5 mg/l ist unbedenklich, bei Werten über 0,5 mg/l dürfen Sie nicht mehr füttern und müssen notfalls alle paar Tage einen Wasserwechsel (max. 20 %) vornehmen.

Nitrit-Wert: Nitrit entsteht beim Abbau von Ammonium und ist für Fische sehr giftig. Hohe Nitritwerte können nur über eine hohe Aktivität des Filters und dessen Belüftung sinken. Nitrit sollte im Teichwasser fast unmessbar sein. Werte bis 0,3 mg/l können noch toleriert werden, darüber liegende Werte von 0,3–0,6 mg/l sind zu hoch – reduzieren Sie die Fütterung! Nitrit-Werte von über 1 mg/l sind ein Alarmzeichen: Stellen Sie sofort die Fütterung ein und machen Sie im Abstand von mehreren Tagen kleinere Wasserwechsel (max. 20 %). Es dauert, bis sich die Werte regulieren. Dies kann man aber durch »Starterbakterien« beschleunigen.

Sauerstoffgehalt: Für die biologischen Vorgänge im Teichfilter und auch für die Koi ist der Sauerstoffgehalt von großer Bedeutung. Bei steigenden Temperaturen ist eine erhöhte Zugabe von Sauerstoff notwendig. Ein Wert über 7 mg/l ist wünschenswert, 5–6 mg/l ist noch tolerierbar, Werte unter 5 mg/l sind nicht ausreichend.

Karbonat-, Gesamtwasserhärte und Nitratgehalt spielen für Koi kaum eine Rolle.

Ein solches »Fußbad« ist für die neugierigen Koi ein interessantes Ereignis.

Das richtige Futter

Für ihr Wohlbefinden brauchen Koi ein auf ihre Bedürfnisse speziell abgestimmtes Futter. Nur dann entwickelt sich die ganze Intensität der Farben und sie bekommen eine hervorragende Kondition. Von seiner Natur her ernährt sich ein Karpfen mit Kleinstlebewesen wie Plankton, Insekten, Wasserkrebschen und Larven, die jedoch in unserem künstlich angelegten Lebensraum nur bedingt zur Verfügung stehen. Die Meinung, Koi wühlen gerne in Schlamm und Algen, ist weit gefehlt, das tun sie nur, um Nahrung zu finden. Koi sind Feinschmecker, die sich Ihre Mahlzeit gerne vom »Silbertablett« nehmen. Die Herstellung von gutem inhaltsreichem Koifutter ist sehr aufwändig. Sie ist nicht mit dem günstigeren Forellenfutter oder herkömmlichem Karpfenfutter zu vergleichen.

➤ Koi haben eine Besonderheit in ihrer Anatomie: Sie besitzen keinen Magen, der große Futtermengen aufnehmen kann. Dies müssen Sie bei der Fütterung unbedingt berücksichtigen: Füttern Sie deshalb nur kleine Portionen.

➤ Fische sind wechselwarm. Ihre Stoffwechselrate ändert sich deshalb mit der Jahreszeit. Die Futtermenge muss danach abgestimmt werden.

Hochwertiges Spirulina-Sommerfutter bringt das Rot der Koi zum Leuchten.

Futtermittel für Koi

Ein gutes Grundfutter, das den Koi das ganze Jahr gegeben werden kann, ist ausge-

GUT ZU WISSEN

11 Goldene Regeln für die Fütterung

✔ Koi haben keinen Magen – geben Sie öfter kleinere Futtermengen.

✔ Bei über 18 °C füttern Sie größere, proteinreiche Portionen, unter 15 °C nur leichtes Futter.

✔ Geben Sie nur so viel Futter, wie in ca. 5 Minuten gefressen wird.

✔ Altes, feuchtes oder sogar schimmeliges Futter gehört nicht in den Koiteich.

✔ Im Herbst füttern Sie bis ca. 10 °C leicht, unter 8 °C stellen Sie die Fütterung ein.

✔ Je höher die Wassertemperatur steigt, umso mehr Sauerstoff verbrauchen die Koi bei der Verdauung des Futters. Dann ist eine gute Belüftung des Teichs sehr wichtig.

✔ Für das Wohlbefinden der Koi hat sich hochwertiges Futter am besten bewährt.

✔ Haben Sie ein Futter, das den Koi gut tut, sollten Sie es nicht laufend wechseln.

✔ Verwenden Sie Schwimmfutter, können sie sehen, welche Fische wie viel fressen.

✔ Nach dem Transport oder Umsetzen der Koi dürfen Sie nur wenig füttern.

✔ Füttern sie nie direkt vor oder während Sie Medikamente im Teich einsetzen.

1 Füttern mit der Babyflasche

Koi sind sehr verspielte Fische: Sie erkunden und beknabbern gerne jeden neuen Gegenstand in und rund um den Gartenteich. Eine lustige Abwechslung für Kind und Koi ist das Füttern aus der Babyflasche. Dazu muss nur das Schnullerloch vergrößert und ein Futterbrei angerührt werden, dann geht's los. Den Koi schmeckt es so, dass sie sogar schmatzen.

2 Futterringe

Die Verwendung eines Futterrings ist durchaus praktisch, da sich die Futterkörner nicht in der Teichbepflanzung verirren können oder durch einen Skimmer weggesaugt werden. Einen solchen Ring kann man aus einem Schlauch leicht selbst herstellen. Den gleichen Zweck erfüllt ein im Spielzeuggeschäft erhältlicher »Hula-Hoop-Reifen« für Kinder.

wogen und leicht in seiner Zusammenstellung der Nährstoffe, Vitamine und Mineralien. Hauptbestandteile sind Weizen, Mais, Sojabohnen und Fischmehl, Trockenhefe und Weizenkeime. Dieser Mischung werden viele Vitamine und die Mineralien Phosphor, Magnesium, Mangan, Eisen, Kupfer, Kalzium, Jod, Zink, Kobalt und Aluminium zugesetzt. Der Proteingehalt liegt bei ca. 30 %.

➤ Ein guter Fachhandel bietet Spezialfutter für jede Jahreszeit und Futter wie Seidenraupenpuppen aus Japan an.

➤ Im Sommer, ab ca. 18 °C Wassertemperatur, sollten Sie mit einem hochprozentigen Spitzenfutter mit ca. 37 % Rohprotein füttern, damit die Fische kräftig wachsen. Bedenken Sie, dass bei der Verdauung proteinreicher Futtermittel viel Sauerstoff verbraucht wird.

➤ Sommer-Futter sollte die Meeresalge Spirulina enthalten; sie verstärkt die Farbbrillanz der Koi. Verwechseln Sie es nicht mit Karotin: Dies lässt, wenn es oft gefüttert wird, die weißen Farbflächen der Fische »vergilben«.

➤ Farbe, Form und das Gewicht der angebotenen Pellets, sagen nichts über die Qualität des Futters aus. Wählen Sie die Pelletgröße entsprechend der Größe Ihrer Koi – nehmen Sie lieber etwas kleinere Pellets.

Beliebte Beikost

Neben der täglichen Hauptfütterung können sie zur Abwechslung gewaschene Salatblätter, Haferflocken, gekochten Reis, Mehlwürmer, Maden und Regenwürmer füttern. Auch eine Scheibe Brot ist bei Koi sehr beliebt!

So werden Koi wieder gesund

Ein gesunder Koi schwimmt ruhig, entspannt und mit abgespreizten Brustflossen auf der Suche nach Fressbarem durch den Teich, oder er döst einfach gemütlich vor sich hin. Die wichtigste Voraussetzung dafür, dass Ihre Koi gesund sind, ist deshalb eine artgerechte Unterbringung in einem optimal eingerichteten Teich. Sorgen Sie dafür, dass die Koi keinen Stresssituationen ausgesetzt sind. Wird ein Koi trotzdem krank, so sondert er sich meist von den anderen Tieren ab, klemmt möglicherweise die Brustflossen an den Körper und steht auf der Stelle. Schwimmt er an der Oberfläche und pumpt heftig mit den Kiemen, hat er vermutlich eine Kiemenschwellung. Scheuern sich Ihre Koi an Bodenabläufen, Beckenrändern oder springen gar aus dem Wasser, so kann die Ursache Parasitenbefall sein. In allen Fällen brauchen Sie den Rat eines auf Fische spezialisierten Tierarztes, um die Krankheitssymptome richtig zu deuten und das entsprechende Medikament zu bekommen. Eine falsche Diagnostik, mit handelsüblichen Präparaten behandelt, kann die Erkrankung verlängern oder sogar verschlimmern.

Eine runde Wanne erweist bei der Behandlung eines Koi gute Dienste.

Parasiten und Pilze: Starker Parasitenbefall entsteht bei unhygienischen Verhältnissen oder bei dichtem Fischbesatz. Auch durch den Kauf neuer Koi oder durch den Besuch von Wasservögeln können solche Quälgeister eingeschleppt werden. Rasche Abhilfe schaffen Sie am besten durch Zugabe von Desinfektionsmitteln.

Bakterien: Durch Stress oder Parasiten geschwächte Tiere sind besonders für bakterielle Infektionen anfällig. An Körperstellen, an denen die Schleimhaut verletzt ist, können sich Bakterien ungehindert ansiedeln und zu schlimmen Entzündungen führen. Diese können Sie meist als rote, teilweise sogar offene Stellen erkennen.

Viren: Viruserkrankungen können durch den Kauf bereits infizierter Fische eingeschleppt werden. Im Anfangsstadium sind Viruskrankheiten äußerlich nicht zu erkennen. Es kann sich jedoch nach und nach der gesamte Koibestand anstecken.

Geschwüre und Tumore: Innere Tumore können nur vom Tierarzt durch Röntgenaufnahmen oder Ultraschall festgestellt und operativ entfernt werden. Herkunft und Ursache sind meist ungeklärt.

Koi-Krankheiten und ihre Behandlung

Krankheit/Name	Symptome	Behandlung
Außenparasiten: Costia, Trichodina, Chiladonella	heftiges Scheuern, Hautrötung, starke Schleimbildung, verstärkte Atmung	Hautabstrich durchführen, Teichbad mit Formalin und Malachitgrünoxalat
Außenparasiten: Ichthyophthirius (Grieskörnchenkrankheit)	winzige weiße Pünktchen auf der Haut	Teichbad mit Malachitgrünoxalat
Außenparasiten: Kiemen- und Hautsaugwürmer	starkes Scheuern, Rückwärtsbewegung, spucken	Haut- bzw. Kiemenabstrich durchführen. Teichbad mit Wirkstoff Mebendazol (Vorsicht: Ist für Goldfische unverträglich!)
Außenparasiten: Karpfenlaus, Fischegel, Ankerwurm	Scheuern und Springen, Parasiten sind mit bloßem Auge zu sehen	Kurzzeitbad mit Branntkalk oder Teichbad mit Dimilin
Außenparasiten: Pilzbefall (Saprolegniasis)	Watteartiger Pilzbefall	Teichbad mit Malachitgrünoxalat
Kiemenschwellung (Kiemennekrose)	angeschwollene Kiemen, starke Atmung	Fütterung einstellen, Teichbad mit Kiemenpulver oder Chloramin T
Innenparasiten: Bandwürmer, Kratzer	gallertartiger weißlicher Kot, Appetitlosigkeit	Tierarzt aufsuchen
Karpfenpocken	gallertartig, weißliche Erhebungen	unbedenklich für Koi, verschwindet bei Wassererwärmung von selbst
Bakterielle Bauchwassersucht	Abgespreizte Schuppen, Glotzaugen, aufgedunsener Körper	Tierarzt aufsuchen, Fütterung, Bad/Injektion mit Antibiotika
Bakterielle Hautinfektion	Rot entzündete Hautstellen, offene Wunden	Tierarzt aufsuchen, Fütterung, Bad/Injektion mit Antibiotika
KHV-Viruserkrankung	Starke Kiemenschädigung, leichte bis starke Hautveränderungen. Sehr ansteckend!	Tierarzt aufsuchen, Nachweis über Laboranalyse
Innere Tumore	Verhärtung in der Bauchhöhle oder sichtbare Beule	Tierarzt aufsuchen. Manchmal operativ entfernbar

Fragen rund um Fitness und Gesundheit

? Wie lange darf ich meine Koi im Urlaub ohne Aufsicht lassen?
Ohne eine Urlaubsvertretung sollten die Fische nicht länger als drei bis vier Tage alleine bleiben. Bei längerer Abwesenheit müssen Belüftung, Filterung und die Wasserwerte von einer Vertretung kontrolliert werden. Im Frühjahr und Sommer sollten die Koi nicht länger als drei Tage auf Futter verzichten müssen. Sorgen Sie dafür, dass die Filteranlage vor Ihrer Abreise gründlich gesäubert wird und kaufen Sie vor einer geplanten Reise keine neuen Fische.

? Woran liegt es, dass meine Koi so unterschiedlich schnell wachsen?
Dafür gibt es verschiedene Gründe. Männchen wachsen langsamer als Weibchen, sind schlanker und erreichen meist kein »Jumboformat«. In den ersten fünf Lebensjahren wachsen Koi hervorragend, später verlangsamt sich das Wachstum. Am besten wachsen Koi bei Wassertemperaturen von über 20 °C und hochwertigem Futter. Sollte das Wachstum stagnieren, muss dies nicht an einer Krankheit liegen – nicht jeder Koi wird groß!

? Meine Koi springen aus dem Wasser und drehen sich – haben sie besonders gute Laune?
Leider nein! Fische, die springen, scheuern oder sich schnell drehen, versuchen, etwas Juckendes loszuwerden. Meist handelt es sich um Hautparasiten, gegen die Sie unbedingt etwas unternehmen müssen (→ Seite 55).

? Haben meine Koi Sauerstoffmangel, wenn sie sich hauptsächlich am Wassereinlauf aufhalten?
Nicht unbedingt. Koi stehen gerne gegen die Wasserströmung und lassen sich wegtreiben, um dann erneut dagegen anzuschwimmen. Das Verhalten stammt von den in Flüssen lebenden Wildkarpfen. Sauerstoffmangel zeigt sich eher daran, dass die Koi verstärkt an der Wasseroberfläche atmen.

Koi sind neugierig: Sie interessiert in ihrer Umgebung alles, was sich bewegt.

Die Haut meiner Koi zeigt eine verstärkte gräuliche Schleimbildung – was ist das?

Bei Temperaturen unter 15° C haben Koi oft eine deutliche Schleimbildung, das ist normal und dient dem Schutz der Haut. Bei warmem Wasser sollte das jedoch nicht vorkommen. Lassen Sie dann vom Tierarzt klären, ob es sich um Parasiten handelt. Auch überhöhte Wasserwerte können der Auslöser sein. Prüfen Sie die Wasserqualität.

Müssen auch kleine Blessuren immer versorgt werden?

Ein bis zwei Tage können Sie abwarten und erst nur beobachten, ob eine Verschlechterung eintritt. Führen Sie eine Teichdesinfektion durch, sie beugt späteren Verpilzungen vor. Vergrößert sich die Stelle oder tritt eine rötliche Entzündung auf, sollten Sie einen Tierarzt zu Rate ziehen.

Beeinflussen pH-Wert und Nitritgehalt das Verhalten meiner Fische?

Nein, leider sehen Sie Ihren Koi überhöhte Werte oder einen zu niedrigen pH-Wert kaum an. Manchmal ist das Wasser glasklar, obwohl die Werte nicht in Ordnung sind. Verzichten Sie deshalb nicht auf regelmäßige Messungen.

Verhindert die UV-Lampe auch, dass lästige Fadenalgen wachsen?

Nein, UV-Licht wirkt zwar ausgezeichnet gegen Grün- und Schwebealgen, nicht aber gegen Fadenalgen. Im Fachhandel gibt es jedoch Präparate gegen Fadenalgen. Sie sind aber nicht immer harmlos für Ihre Koi und müssen ganz genau nach Packungsbeilage dosiert werden – geben Sie auf keinen Fall eine zu hohe Dosis! Auch eine Beschattung hemmt das Wachstum von Fadenalgen.

Wo bringe ich einen kranken Koi zur Behandlung stressfrei unter?

Richten Sie ein Becken mit mindestens 1000 l ein und füllen Sie es mit temperiertem Teichwasser. Decken Sie die Oberseite mit einem Netz oder mit Styropor ab. Je nach Dauer der Behandlung ist ein kleiner Filter und eine Belüftung sehr wichtig. Setzen Sie einen Begleitfisch dazu und stellen Sie das Becken an einen ruhigen Ort.

MEINE TIPPS FÜR SIE

Richard Hilble

So bleiben Koi fit und gesund

- Bei Neu- oder Erstbefüllung Ihres Teiches sollten Sie unbedingt die Wasserzähluhr ablesen, um später genau dosierte Teichbehandlungen durchführen zu können.
- Falsche Diagnosen und falsche Medikamente können Folgeschäden bei Ihren Koi hervorrufen.
- Wenn Sie einen Stör zusetzen, kann die Überwinterung der Koi beeinträchtigt sein, da dieser Fisch auch unter 10 °C noch aktiv Futter sucht.
- Frisst ein Koi nicht oder verhält sich unnormal, können Sie ihn vorsorglich in ein 0,5 %iges jodfreies Kurzzeit-Salzbad (2–3 Stunden) setzen.
- Erste Hilfe für herausgesprungene Fische: Befreien Sie den Koi von Schmutz, bewegen Sie ihn direkt über einen Luftausströmer vor und zurück, damit die Kiemen aufgehen und setzen ihn max. 2 Tage in ein 0,4 %iges Salzbad.

Halbfett gesetzte Seitenzahlen verweisen auf Abbildungen, U = Umschlagseite.

Adressen

Verbände/Vereine

➤ Verband Deutscher Vereine für Aquarien- und Terrarienkunde e.V. (VDA), Geschäftsstelle: Hans und Ingrid Stiller, Luxemburger Str. 16, D-44789 Bochum, www.vda-online.de
Der VDA gibt Auskunft über aktuelle Adressen von Aquarienverbänden in Ihrer nächsten Umgebung, hilft weiter bei Vermittlung von Kontakten (z. B. Hilfe bei Fischkrankheiten, Beschaffung von seltenen Fischen).

AN UNSERE LESER

- Die in diesem Buch beschriebenen elektrischen Geräte für die Teichpflege müssen mit dem gültigen TÜV-Zeichen versehen sein.
- Beachten Sie die Gefahren im Umgang mit elektrischen Geräten und Leitungen, besonders in Verbindung mit Wasser.
- Ein elektronisches Fehlstrom-Überwachungsgerät oder ein Fehlstrom-Schutzschalter ist empfehlenswert.

➤ Bundesverband für fachgerechten Natur- und Artenschutz e.V. (BNA), PF 11 10, D-76707 Hambrücken, www.bna-ev.de
Dachverband der Vereine und Verbände privater Tierhalter. Vertritt deren Interessen vor allem bei Belangen der Artenschutzgesetzgebung.

➤ Österreichischer Verband für Vivaristik und Ökologie, Landesverband Niederösterreich, Franz Scherleitner, Raiffeisengasse 19, A-7201 Neudörfl

➤ Verband Zoologischer fachgeschäfte der Schweiz VZFS, Güerstr. 199, CH-4053 Basel

Fischgesundheitsdienste

Die Fischgesundheitsdienste der einzelnen Bundesländer geben Informationen über Fischkrankheiten und die Haltung von Fischen.

Bezugsquelle für japanische Koi

➤ SAKANAYA Bodensee, Fischwirtschaftsmeister Richard Hilble, Waldhornstr. 8, D-88677 Markdorf
Tel. 0 75 44/85 89

➤ SAKANAYA, Fischwirtschaftsmeister Robert Hilble, Edelsbrunn 1, D-94501 Aldersbach,
Tel. 0 85 43/91 73 23

Fragen zur Aquaristik beantworten

Ihr Zoofachhändler und der Zentralverband Zoologischer Fachbetriebe Deutschland
Tel. 0 61 03/9 07 32
(nur telefonische Auskunft möglich: Mo 12-16 Uhr, Do 8-12 Uhr), www.zzf.de

Koi im Internet

➤ www.sakanaya.de

Bücher

➤ Amlacher, E.: Taschenbuch der Fischkrankheiten. Gustav Fischer Verlag, Jena

➤ Stadelmann, P.: Gartenteich. GU Ratgeber Garten. Gräfe und Unzer Verlag, München

➤ Koi – König der Gartenteiche, Tetra Verlag GmbH, Münster

Zeitschrifen

➤ DATZ Aquarien- und Terrarien-Zeitschrift. Ulmer Verlag, Stuttgart

➤ Aquaristik Fachmagazin. TETRA Verlag, Berlin-Velten

Der Autor

Richard Hilble ist Fischwirtschaftsmeister. Seit 1988 hat er sich ausschließlich dem Thema Koi zugewendet – mit Haltung, Import aus Japan und Verkauf. 1990 gründete er die Firma SAKANAYA Bodensee. Durch seine langjährige Erfahrung in der Koihaltung besitzt er fundiertes Wissen über die Fische sowie über Bau und Wartung von Teichen und Filteranlagen.

Die Fotografin

Christine Steimer arbeitet als freie Fotografin, spezialisiert auf Heimtierfotografie. Hilble, R.: Seite 7, 21, 36; Kahl: Seite U2/1, 10, 11, 24; photonica/Taguchi: Seite U1 (Wasser); Reinhard: Seite 6.

Impressum

Redaktion: Nicole Biermann
Lektorat: Barbara Kiesewetter
Zeichnungen: Renate Holzner
Layout: independent Medien-Design, München
Satz: Uhl + Massopust, Aalen
Produktion: Bettina Häfele
Repro: Fotolito Longo, Bozen
Druck und Bindung: Kaufmann, Lahr
Printed in Germany
ISBN (10) 3-7742-6404-X
ISBN (13) 978-3-7742-6404-5

Auflage	4.	3.	2.
Jahr	2007	06	05

GRÄFE UND UNZER

Ein Unternehmen der
GANSKE VERLAGSGRUPPE

> GU-Experten-Service

Haben Sie Fragen zu Haltung und Pflege? Dann schreiben Sie uns (bitte Adresse angeben). Unser Experte Richard Hilble hilft Ihnen gern weiter. Unsere Adresse finden Sie rechts.

Das Original mit Garantie

Ihre Meinung ist uns wichtig. Deshalb möchten wir Ihre Kritik, gerne aber auch Ihr Lob erfahren. Um als führender Ratgeberverlag für Sie noch besser zu werden. Darum: Schreiben Sie uns! Wir freuen uns auf Ihre Post und wünschen Ihnen viel Spaß mit Ihrem GU-Ratgeber.

Unsere Garantie: Sollte ein GU-Ratgeber einmal einen Fehler enthalten, schicken Sie uns das Buch mit einem kleinen Hinweis und der Quittung innerhalb von sechs Monaten nach dem Kauf zurück. Wir tauschen Ihnen den GU-Ratgeber gegen einen anderen zum gleichen oder ähnlichen Thema um.

GRÄFE UND UNZER VERLAG
Redaktion Haus & Garten
Stichwort: Tierratgeber
Postfach 86 03 25
81630 München
Fax: 0 89/41 98 1-1 13
E-Mail:
leserservice@
graefe-und-unzer.de

Meine Koi

Namen: ______________________

So füttere ich sie:

____

____

Teichgröße und Literzahl:

____

____

So pflege ich sie:

____

____

Filtertyp:

____

____

Besondere Kennzeichen:

____

____

Das ist ihr Tierarzt:

____

____

GU TIERRATGEBER

damit es Ihrem Heimtier gut geht

ISBN (10) 3-7742-5763-9
ISBN (13) 978-3-7742-5763-4
64 Seiten | € 7,90 [D]

ISBN (10) 3-7742-5666-7
ISBN (13) 978-3-7742-5666-8
64 Seiten | € 7,90 [D]

ISBN (10) 3-7742-5664-0
ISBN (13) 978-3-7742-5664-4
64 Seiten | € 7,90 [D]

ISBN (10) 3-7742-6313-2
ISBN (13) 978-3-7742-6313-0
64 Seiten | € 7,90 [D]

ISBN (10) 3-7742-6413-9
ISBN (13) 978-3-7742-6413-7
64 Seiten | € 7,90 [D]

Tierisch gut! Die Welt der Heimtiere entdecken und alles erfahren, was man schon immer über sie wissen wollte. So klappt das Miteinander von Anfang an – mit Wohlfühl-Garantie fürs Tier.

WEITERE LIEFERBARE TITEL BEI GU:

- GU TIERRATGEBER: **Das Aquarium, Fische für den Gartenteich, Frettchen, Hamster, Hunde Erziehung, Unser Kätzchen, Leguane, Schildkröten, Wellensittiche und viele mehr**

Willkommen im Leben.

1

DIE RICHTIGE WAHL

Kaufen Sie nur absolut **gesunde Fische** und entscheiden Sie sich für »Ihren« Koihändler. Der Kauf bei vielen unterschiedlichen Anbietern erhöht das Risiko, das unterschiedlichste Krankheiten und Parasiten in Ihren Teich eingeschleppt werden.

Wohlfühl-Garantie für Koi

4

AUSGEWOGENE ERNÄHRUNG

Sparen Sie nicht an den Futtermitteln – wählen Sie jeweils der Jahreszeit entsprechendes **hochwertiges Futter** und verwöhnen Sie Ihre Koi im Sommer ruhig mit Seidenraupenpuppen aus Japan. Dann werden Ihre Koi Sie mit **Vitalität** und **Farbenpracht** erfreuen.

7

GASÜBERSÄTTIGUNG

Legen Sie die Belüftung niemals direkt an die Pumpe, sonst wird Luft in die Rohrleitung eingezogen und eine Gasübersättigung ist die Folge! Vermeiden Sie auch häufige große **Wasserwechsel** mit frischem, sehr kaltem Wasser. Wechseln Sie **max. 20 %** des Wassers.

8

ÜBERBLICK BEWAHREN

Planen und bauen Sie keinen Koiteich mit unüberschaubarer Technik, anfälligen Geräten un vielen unnötigen, teuren Zugschiebern. Eine **grundsolide Bauweise**, welche auch Ihre Urlaubsvertretung bedienen kann, wird sic besser bewähren.